도망가지도
나아가지도
못하는 당신에게

도망가지도
나아가지도 ____
못하는 당신에게

히라모토 아키오·야마자키 다쿠미 지음

김윤경 옮김

RHK
알에이치코리아

힐링이 아닌 방법을
알려드립니다

　누구나 행복한 삶을 꿈꿉니다. 그러나 지금의 삶에 만족하느냐고 물었을 때 그렇다고 대답할 사람은 그리 많지 않을 겁니다. 이유는 세 가지입니다. 첫째는 사람마다 만족을 느끼는 기준이나 대상이 다릅니다. 둘째는 같은 사람이라도 행복의 의미가 시기에 따라서 달라집니다. 마지막으로 가장 중요한 이유는 본인조차도 무엇이 행복인지 깨닫지 못하고 있다는 것입니다.

　원하는 것이 무엇인지 모르는 사람은 아무리 머리로 골똘히 생각해 봐도 자신이 무엇을 어떻게 해야 할지 알 수 없습니다. 어떤 목표를 세우든 의욕도 안 생기고 꾸준히 실천하기도 힘들죠. 잘하고 싶은데 해낼 추진력이 없고, 해내지 못하니 계속 좌절을 맛보는 악순환이 지속됩니다.

그렇다고 해서 다 내려놓고 도망갈 수도 없고, 나아갈 수도 없는 꽉 막힌 상태에 놓인 분들에게 이 책은 일시적 힐링이 아닌 실리적인 방법을 제시하고자 합니다.

이 책의 공저자인 심리학자 히라모토 선생님은 세계 3대 심리학자인 아들러의 이론을 적용해, 지금까지 9만 명이 넘는 분들의 이야기를 듣고 문제 해결을 도왔습니다. 그중엔 올림픽 금메달리스트와 메이저리거도 있지요. 저 또한 수많은 내담자 중 하나였습니다.

처음엔 선생님이 하는 '코칭'이 단순히 응원을 받고 힘을 내는 과정이겠구나, 하고 생각했습니다. 하지만 정말 힘든 사람에게 "힘내"라고 말한들 진짜 힘이 나는 사람은 드물죠. "이 방식을 써봐"라고 조언해도 그 사람에게 맞는 방법인지는 확실치 않습니다. 사람마다 성향과 가치관이 다르니까요.

그런데 선생님은 특정한 조언을 하는 대신 이루고 싶은 것을 눈앞에 그려보게 했습니다. 처음엔 아무런 제약이 없을 때 어떤 모습이 되고 싶으냐고 물으셨어요. 이루어지기 힘든 허구의 장면 속에서, 점점 제 내면에 있던 이야기들이 자연스럽게 나왔습니다. 제 가치관, 제가 기쁘게 느끼는 일, 현재 일상의 만족도, 그리고 당장 내일부터 해야 할 일까지 저 스스로 이끌어낼 수 있었습니다.

우리는 이 과정을 '잠재력을 시각화한다'라고 부를 겁니다. 내 안에 있는 가능성을 눈앞에 보이게 해서 능력을 최대한으로 끌어올릴 수 있는 방법이죠. 잠재력을 시각화해서 의욕을 찾으면 끈기와 추진력은 자연스레 따라옵니다.

우리 모두에게는 '실은 꼭 이루고 싶었던 무언가'가 있습니다. 소박한 성취이든 큰 성취이든 말입니다. 사실 목표는 생각으로 세우는 것이 아닙니다. 아무리 높고 멋진 목표라도 자신에게 맞는 목표가 아니면 의미가 없습니다. 이룰 수 있는 목표, 진정으로 원하는 목표를 알기 위해서는 잠재력을 시각화하는 과정이 반드시 필요합니다.

물론 '뭘 하고 싶은 건지 나도 나 자신을 모르겠다', '지쳤다', '두렵다'는 분도 계실 겁니다. 그런 분들을 위해 이 책이 세상에 나왔습니다. 책을 읽다 보면 머릿속이 아닌 깊은 내면에서 이루고 싶은 무언가를 찾고, 그것에서 본인의 가치관을 발견하고, 가치관에 맞는 현실적인 목표를 설정할 수 있게 됩니다. 이것이 바로 저희가 말하는 코칭의 본질입니다.

시중의 수많은 책은 성공하기 위한 태도 혹은 구체적인 기술을 알려줍니다. 내면의 본질에 접근하려면 태도를 갖춰야 하고, 효율적으로 진행하려면 구체적인 기술도 필요합니다. 태도만 알고 있으면 실천이 어렵고, 기술만 익히면 근본적인 해결을 할 수 없죠. 어느 하나도 빠트릴 수 없기에, 이 책에서는 여러분이 앞으로 나아갈 수 있도록 실제 코칭 사례를 보여드리면서 본질과 방법 두 가지를 다 놓치지 않고 대화를 나눕니다.

본문에는 의욕이 없는 사람, 타인 때문에 고민인 사람, 무엇이 문제인지조차 모르는 사람 등 다양한 사례가 등장합니다. 이 분들의 문제 상황은 아마 여러분의 현실과도 일치할 겁니다. 언뜻 봤을 때 형태가 다른 고민을 안고 있더라도 사실 내면에서 고민이 시작되는 지점은 비슷합니다. 그 갈림길에서 헤매지 않도록 심리학자의 코칭과 작가인 저의 해설이 뒷받침하고 있습니다.

본격적인 본문으로 들어가기에 앞서 책을 더 잘 활용할 수 있는 팁을 드리겠습니다. 먼저, 자신의 가능성에 한계를 두지 말아야 합니다. 세상에 원래 실패하도록 태어난 사람은 없고, 원래 부정적으로 태어난 사람도 없습니다. 우선 여러분이 앞으로 나아갈 수 있다는 열린 마음을 가지는 것이 중요합니다. 스스로 자신의 능력을 재단하지 말고, 여러분의 잠재력에 맡기세요. 잠재력은 이미 여러분이 뭘 하고 싶은지, 뭘 하면 잘할 수 있을지 알고 있습니다. 그것을 끌어내기만 하면 됩니다.

다시 한번 강조하지만 코칭에서는 코치가 정답을 알려주지 않습니다. 일방적인 조언을 해봤자 또 다른 실패를 낳을 뿐입니다. 정답은 코칭을 받는 사람에게 있습니다. 이 해답을 이끌어내는 기술이 코칭인 것이죠. 그래서 본문 속에서 내담자에게 직접 '이렇게 해라', '저렇게 해라' 하고 조언을 하지 않습니다. 또한 어떤 결론을 정해놓고 내담자를 유도하지도 않습니다. 단지 내담자 자신이 하고 싶은 일, 실현하고 싶은 일을 끄집어낼 수 있게 돕는 역할을 합니다. 이 사실을 염두에 두고 책을 읽으면 코칭하는 과정에서 어떤 접근법과 무슨 해결책이 나오는지 더 명확히 보일 겁니다.

예습은 이 정도면 충분할 것 같습니다. 이제 잠재력을 이끌어내는 기술을 실제로 만나 볼 때입니다. 고민을 들고 찾아온 첫 번째 내담자는 바로 저입니다. 그럼, 이야기를 시작할까요?

야마자키 다쿠미

차 례

✧

1장   의욕은 바깥이 아닌 안에서 온다

6장 스스로 해결책을 찾는 라이프 차트

(1장)

의욕은 바깥이 아닌
안에서 온다

자기 자신을 응시하라.
밖으로 향하는 눈길을 돌려 자신을 향하게 하라.

—피히테

뭘 해야 행복할지 고민인
베스트셀러 작가 이야기

심리학자 작가님, 만약 아무런 제약이 없다면 어떤 사람이 되고
       싶나요?

작 가   아무런 제약이 없다면요?

심리학자 네. 성별이라든가 연령, 국적 또는 재능이나 능력 같
       은 거요. 만약 그런 제약이 전혀 없이 자유롭게 미래
       를 선택할 수 있다면 어떤 모습을 이상적인 목표로 추
       구하고 싶어요?

작 가   음, 가수요.

심리학자	가수로군요! 그렇다면 가수가 되는 데 느끼는 제약은 뭘까요?
작 가	아무래도 재능이겠죠. 저는 책을 쓰고 강연도 하면서 주로 사람들에게 용기를 북돋는 일을 하고 있는데요. 요즘은 스스로를 돌아보고 있어요. 살다 보면 하고 싶은 일이 해야 하는 일이 되고, 의욕이 꺾여 기회주의적 태도로 변해버리죠. 잘하고는 싶은데 뭘 잘해야 할지, 그걸 잘하면 과연 내가 행복하다고 할 수 있을지 의문이에요. 그래서 저에게 다른 재능이 있었으면 어땠을지 궁금합니다.
심리학자	자신에게 중요한 가치를 잃어버린 느낌이네요. 가수가 되고 싶다고 하셨는데, 여기서 생각보다 많은 정보를 이끌어낼 수 있어요. 진짜 가수로 만들어드릴 수는 없지만 현실 세계를 사는 데는 도움이 되는 정보일 거예요. 지금부터 몇 가지 질문을 할게요.
작 가	네.
심리학자	한번 가수가 된 미래를 상상해 보시겠어요? (잠시 기다린다.) 가수가 된 내 모습을 바라볼 때, 어떤 장면이 특히 인상적일까요?
작 가	(눈을 감고 상상한다.) 미국 프로 미식축구의 가장 큰 시

합인 챔피언 결정전 아시죠?

심리학자 슈퍼볼(Super Bowl)이요?

작 가 네, 맞아요. 슈퍼볼. 그 하프타임 공연에서 마이클 잭슨처럼 무대에 서고 싶어요.

심리학자 멋지네요. 자, 슈퍼볼 하프타임 공연에 작가님이 나간다고 해 보죠. 어떻게 등장하실래요? 여러 가지 방법이 있잖아요. 무대 아래에서 튀어 오른다거나, 아니면 공중에서 헬리콥터를 타고 내려와도 좋겠고요.

작 가 아래쪽에서 올라가고 싶어요.

심리학자 좋아요. 무대에 오르니 관객들이 보이는군요. 작가님을 향해 환호하고 있어요. 어떨 것 같아요?

작 가 하하, 쑥스러운데요. 하지만 기뻐요.

심리학자 이 장면에서 특히 어떤 점이 좋으시죠?

작 가 으음, 저라는 존재가 다른 사람들을 행복하게 한다는 사실이요. 단지 서 있을 뿐인데 말이죠.

심리학자 그러시군요. 실은 그것이 작가님의 중요한 가치관이라고 할 수 있어요. 자신의 존재가 사람들을 행복하게 하는 거요. 남에게 좋은 영향을 주는 일이 점점 늘어난다면 어떨까요? 그런 미래를 생각하면 어떤 느낌이 들어요?

작 가	좋아요. 말로 다할 수 없이 기쁜걸요.
심리학자	지금 자신의 힘으로 다른 사람을 행복하게 해 주고 싶다는 작가님의 가치관이 드러났는데요.
작 가	네, 확실히 저한테 중요한 가치인 것 같아요.
심리학자	그럼 실제로 최근 2~3개월 사이에 그 가치관이 어느 정도 만족되었나요? 대략이어도 괜찮으니까 10점 만점으로 한다면 몇 점 정도죠?
작 가	6점 정도예요.
심리학자	6점. 이 6점이란 점수가 구체적으로 어떤 상황에서 실현되었나요? 인상적인 장면을 알려 주세요.
작 가	음, 최근에는 줌(Zoom)으로 온라인 세미나를 열어 사람들과 만나는 일이 많아요. 화면에 상대의 얼굴이 나올 때 그 사람의 이름을 부르기만 해도 얼굴이 확 밝아지더군요. 그 순간 '아! 내가 나름 도움이 되는구나!' 하는 만족감이 들어요.
심리학자	자, 그럼 눈을 감고 떠올려 보세요. 줌 세미나 때 화면에 나온 상대의 이름을 불러 주면 그 사람의 표정이 환해지는 장면을요.
작 가	네. (눈을 감고 상상한다.)
심리학자	지금은 현실에서 가치관이 만족되는 정도가 6점이라

고 하셨는데요. 이게 6.5점이나 7점이 되려면 어떤 일이 일어나야 할까요? 어떤 상황이 벌어지면 점수가 올라가죠?

작가 　 글쎄요. 제가 '그 일'을 더 의식하면 될까요? 제 존재로 인해 다른 사람이 행복해진다는 것, 제가 그런 힘을 가진 사람이라는 사실을 스스로에게 말해 주면 더욱더 사람들을 행복하게 하는 에너지가 나올 거라고 생각해요.

심리학자 　 그렇군요. 잘 알겠습니다. 자신의 존재가 다른 사람을 행복하게 한다는 사실을 더욱 의식하는 거군요. 자, 그럼 다시 한번 눈을 감고 내일 아침에 일어난다고 상상해 보세요. '내 존재가 다른 사람을 행복하게 한다.' 이 생각을 내일 어떤 상황에서 하면 좋을까요?

작가 　 아침에 컴퓨터 앞에 앉는 순간이요. 인터넷으로 모두와 연결되지 않습니까? 그렇게 해서 다른 사람들에게 행복 에너지를 보낼 수 있으니까요.

심리학자 　 좋은데요? 그럼 상상해 봅시다. 내일 아침에 일어나서 컴퓨터 앞에 앉습니다. 인터넷을 통해 연결된 사람들에게 에너지를 듬뿍 보냅니다.

작가 　 네.

심리학자 　방금 생각한 대로 지낸다면 내일은 만족도가 몇 점 정
　　　　도 될까요?

작　가 　음, 8점이요.

심리학자 　8점. 자, 이걸 다음 날은 9점, 그다음 날은 9.5점. 이렇
　　　　게 계속 만족도를 높인다면 어떨 것 같으세요?

작　가 　확실히 도움이 될 것 같아요. 내가 뭘 해야 할지 알고,
　　　　마음가짐도 달라지고요. 중요한 건 주어진 현실에서
　　　　내가 소중하게 생각하는 가치의 만족도를 높이는 거
　　　　로군요. 괜히 이것저것에 휘둘리면서 다 신경 쓸 필요
　　　　가 없겠어요. 마음이 갈피를 못 잡는다는 건 내 안의
　　　　중심이 사라졌다는 증거이기도 하네요.

10명 중 8명은
'목표'에서 '의미'를 찾지 못한다

작 가 슈퍼볼 이야기로 시작해서 순식간에 내일 뭘 하면 좋
     을지까지 알게 되었네요. 아마도 저를 포함해서 많은
     분들이 방금 나눈 이야기에 '응? 뭐였지?' 하는 느낌
     이 들 거예요. 그러니 지금 한 코칭에 관해서 조금 설
     명해 주시겠어요?

심리학자 알겠습니다. 그전에 흔히 행동을 바꾸고 싶다면, 혹은
     의욕을 높이려면 목표를 설정해야 한다고 말하죠?

작 가 네, 맞아요. 능력을 끌어내려면 우선 목표를 정해야

한다고 생각하는 사람이 많지요.

심리학자   그런데 말이죠. 제가 지금까지 거의 9만 명쯤 되는 사람들을 코칭하면서 알게 된 사실이 있습니다. 5년 후, 10년 후, 20년 후에 자신이 어떤 걸 하고 싶다는 목표나 꿈으로 동기부여가 되는 사람은 통계적으로 고작 20퍼센트밖에 되지 않는다는 겁니다.

작 가   네? 겨우 20퍼센트밖에 안 된다고요?

심리학자   그렇습니다. 이렇게 목표가 동기를 부여해 의욕을 불러일으키는 유형을 저는 '비전(vision)형'이라고 부릅니다. 그렇다면 나머지 80퍼센트는 어떨까요? 10년 후는커녕 1년 후의 비전도 떠올리기 힘들어합니다. 억지로 어떤 목표를 세운다 해도 의욕이나 행동으로 연결되지 않는 거죠. 이런 사람들에게 효과가 있는 동기부여는 바로 '가치관'입니다.

작 가   가치관. 방금 전의 대화에서도 나온 말이네요.

심리학자   맞습니다. 가치관이 뭐냐 하면, 예를 들어 아까 작가님이 말한 '자신의 존재가 다른 사람을 행복하게 하는 것이 좋다'는 것도 가치관입니다. 사람들에게 영향을 주는 삶을 추구한다, 사람들과 관계가 이어져 있다는 것을 실감하고 싶다. 또는 담담하게 생활하겠다든지,

변화가 다양한 생활을 하겠다든지. 이런 게 다 가치관이에요.

가치관의 영향을 크게 받는 분들은 구체적으로 어떤 직업에 종사해서 특정 목표를 실현하는 것보다 중요하게 여기는 것이 있어요. 바로 어떤 일을 하든 어떤 장소에 있든 자신의 가치관이 충족되는 것이에요. 10명 중 8명은 이런 유형입니다. 가치관형이라고 하죠.

쉽게 말하자면 10년 후 전국에 100개 지점을 소유한 사회적 기업의 대표가 되겠다는 목표를 세워 노력하는 사람들이 '비전형'이에요. 반면 딱히 사장이든 사원이든 상관없고 하는 일이 무엇이든 관계없이, 다른 이에게 선한 영향을 주고 싶다는 가치관을 만족시키고 싶은 사람은 '가치관형'인 거죠.

작 가   그렇군요. 그건 좀 충격인데요. 그런 식으로 나누면 저는 비전형이거든요. 실제로 목표를 세운 뒤 거기서부터 역산해 스케줄을 짜고 지금 해야 하는 일에 몰두하는 방식으로 지내왔습니다. 따라서 그런 식으로 사는 것이 옳다고 생각했고 사람들에게도 그렇게 말해왔어요. 하지만 비전형은 20퍼센트밖에 안 된다니….

심리학자   작가님처럼 목표를 세워 '몇 년 후에 이 일을 하겠다'

고 선언하고 실제로 실천하는 사람을 보면 정말 대단
해요. 쉽게 못 하니까요. 그래서 사람들은 목표를 세
우고 그대로 실천하는 일이 어렵지만 극복해야만 하
는 과제라고 생각하기 쉽죠. 20퍼센트에 해당하는
비전형에게는 당연한 일이겠지만 말입니다.

작가   하지만 나머지 80퍼센트의 가치관형에게는 또 하나
의 정답이 있다는 거군요. 그럼 가치관형 사람들은 어
떻게 해야 능력을 발휘할 수 있는지 알고 싶어요.

심리학자   비전형과 비교해서 설명하면 이해하기 쉽습니다. 비
전형 사람은 미래에 어떻게 되면 좋을지, 즉 '미래 플
러스'를 마음에 그립니다. 이상적인 미래를 생생한 이
미지로 그리는 거예요. 그 이미지가 바로 목표이고 꿈
인 겁니다. 그 지점에서부터 역산해서 지금 해야 할
일을 생각해요.

이와 반대로, 가치관형인 사람은 과거를 사용합니다.
과거에 있었던 '원체험'을요. 원체험이란 '그때 진짜
즐거웠어', '어릴 때 이런 놀이를 자주 했지', '가족과
함께 보낸 그 시절이 가장 행복했어'와 같은 기억이에
요. 저는 '과거 플러스'라고도 부릅니다. 행복했던 상
황을 선명하게 떠올리는 거예요. 그런 뒤에 '왜 그때

가 좋았을까?' 하고 이유를 생각해 보면 그 사람의 가치관이 드러납니다.

작가 　　그 말은, 가령 '동아리 활동을 열심히 해서 대회에 나가 우승했을 때 가장 행복했다. 왜 행복했을까?'라고 생각해 보니 '친구들과 함께 해낼 수 있었기 때문이다'라고 결론을 끌어내는 것과 비슷한 건가요?

심리학자 　그렇죠. 그 사람의 가치관은 친구들과의 일체감을 느끼는 데 있다는 걸 알 수 있어요. 그렇게 해서 가치관을 알아내면 다음 단계로 넘어갑니다. 내 가치관이 충족된 오늘이란 어떤 오늘일까요? 가치관이 충족되어 있는 내일은 어떤 내일이죠? 만족으로 채워진 일주일은 어떤 일주일일까요? 한 달은? 일 년은? 그렇게 생각을 이어가면 어떤 지점에서 미래의 '비전'이 떠오릅니다.

작가 　　그런 거군요. 가치관형 사람들은 자신의 가치관을 만족시키기 위해 '오늘 뭘 하면 좋을까, 내일은 또 뭘 하면 좋을까?' 하고 생각을 거듭하다가 자연스레 미래의 목표가 떠오르는 거네요.

심리학자 　네. 반대로 비전형 사람은 목표를 머릿속에서 뚜렷하게 그린 뒤에 '그 목표는 왜 나에게 이로울까?'라고 스스로 질문하면 가치관이 드러납니다.

작가   그렇군요. 저는 비전형이지만 과정을 즐기고 싶다는 가치관도 갖고 있어요. '목표에는 다다르지 못했다. 하지만 그 과정에서 이만큼 성장했다.' 이렇게 생각하면 스스로에게 100점을 줄 수 있는 것 같아요.

심리학자   좋은 생각이네요. 성격 유형을 비전형과 가치관형으로 나눌 수 있지만 실은 양방향에서 접근하는 게 가장 좋습니다. 어느 한 방법으로 해결이 안 되면 다른 쪽으로 시도하는 방식이죠.

몸의 감각을 이용해
감정 움직이기

심리학자 의욕을 불러일으키기 위해서는 미래와 과거를 어떻게 활용하느냐가 중요합니다. 앞에서 이야기한 미래와 과거 사용법을 다시 한번 정리해 볼까요? 우선 '미래 플러스'라는 건 '이렇게 되면 최고'라고 생각하는 미래, 즉 꿈과 목표예요. '과거 플러스'는 '그때 최고로 즐거웠지' 하는 장면이고요. 아까 말한 원체험이죠. 이 두 가지를 생생하게 떠올려 비전과 가치관을 이끌어내는 겁니다.

여기서 추가로 '나중에 이렇게 되고 싶지 않아' 하는 '미래 마이너스', '그땐 최악이었어. 두 번 다시 겪고 싶지 않아' 하는 '과거 마이너스'도 있어요. 그런 기억을 선명하게 떠올리는 방법으로도 의욕을 이끌어낼 수 있습니다. 미래와 과거, 어느 쪽이든 중요한 것은 논리로만 생각하지 말고 플러스와 마이너스의 감정을 깊이 들여다보는 일이에요.

작가 　논리로만 생각하지 말고 감정을 들여다보라는 말이 인상적이네요. 실제로 커뮤니케이션에서 논리적 언어가 차지하는 비율은 7퍼센트 정도밖에 되지 않는다고 하죠.

심리학자 　맞습니다. 감정을 움직이려면 언어뿐만 아니라 몸을 사용해야 합니다. 이 점이 중요하지요. 자신의 감정을 움직일 때도 마찬가지입니다. 의자에 앉아 고개를 푹 떨군 채 손발을 움츠리고서 "긍정적으로 마음먹어야지!"라고 암만 말해 봐야 소용없죠.

반대로, 일어서서 두 주먹을 불끈 쥐고 웃으며 침울해 할 수도 없어요. 몸과 마음은 서로 연결되어 있거든요. 그래서 어떤 일을 해야겠다고 다짐했으면 몸으로도 표현하는 게 좋아요. 긍정적인 생각을 할 때는 어깨와 등을 딱 펴는 거죠.

과장하는 것 같지만, 그렇게까지 해야 감정이 움직여요. 동기부여를 현실감 있게 받을 수 있고요. 최대한 몸의 감각을 이용해서 감정을 움직이는 것이 중요합니다.

늘 생각만 하고
행동하지 못했던 이유

심리학자　뇌의 구조에 관해 흥미로운 이야기가 있습니다. 인간의 뇌에는 새로운 뇌와 오래된 뇌가 있는데요. 대뇌신피질은 가장 새로운 뇌로, 언어와 논리 기능을 담당하는 부분이에요. 인류의 조상이 '사람'으로 진화하는 과정에서 발달한 부분입니다. 더 안쪽에 있는 대뇌변연계와 편도체는 파충류 단계부터 있던 오래된 뇌인데, 실은 이 부분이 감정과 행동을 담당하고 있지요.

작　가　잠재력을 이끌어내기 위해서는 그 '파충류 뇌'를 사용해야만 하는군요.

심리학자　맞습니다. 많은 사람이 책을 읽고서 '알았다!', '이제 할 수 있겠어!'라고 생각하지만 정작 행동으로 옮기지 못하는 경우가 빈번하거든요. 책을 읽기만 해서는 이론으로 이해하고 있을 뿐이니까요. 즉, 대뇌 신피질밖에 사용하지 않는 거예요.

작　가　파충류 뇌를 사용하지 않으니까 감정이 움직이지 않고, 의욕이 생기지 않으니 행동이 따르지 않는 건 당연하겠네요.

심리학자　그래서 대뇌 신피질은 미래의 꿈을 그리거나 하고 싶은 일을 찾아내는 데 사용하면 안 됩니다. 논리로 생각해낸 목표나 가치관은 종종 내 주관과 동떨어진 억지 이론에 불과하거든요. '이 목표라면 남들이 인정해줄 거야'라든가 '이런 식으로 대답하면 무난하겠지'와 같은 당치 않은 이유에서 나온 목표는 자신이 정말로 하고 싶은 게 아니죠. 꿈을 그리거나 하고 싶은 일을 찾아내려면 몸과 함께 감정을 움직여서 대뇌변연계를 자극해야 합니다.

이성과 감정의 투 트랙 전략

작가   정말로 하고 싶은 일, 실현하고 싶은 일에 감정을 이
        입하면 대뇌변연계, 즉 파충류 뇌가 자극되는군요. 그
        것이 진심으로 '하고 싶다!', '되고 싶다!'라는 의욕으
        로 이어지고요.

심리학자 그렇습니다. 제가 지금까지 코칭한 사람들 가운데는
        상황에 몰입하는 도중에 코피가 난 분이 2명 있었어
        요. 강렬한 감정에 파충류 뇌가 자극되면서 몸에 반응
        이 온 거예요.

작가 코피까지 터졌다고요? 그 분들은 엄청난 집중력을 발휘한 게 아닐까 싶네요. 코피가 터질 만큼 강렬한 경험을 했으니 절대 그때의 감정을 잊지 못하겠어요. 만약 누군가 어떤 일에 분노를 느끼고 코피까지 흘렸다면 무슨 일이든 실천으로 옮기겠죠. 물론 분노를 건강하게 표출하는 행동이어야겠지만요. 그만큼 꿈을 그릴 때는 감정을 자극해 파충류 뇌를 사용하는 게 중요하다는 뜻이군요.

심리학자 맞습니다. 다만 대뇌 신피질에도 역할은 있어요. 꿈을 그린 뒤에 그 꿈을 실현할 '수단'을 생각하는 단계에서는 대뇌 신피질을 사용해 논리적으로 생각하면 됩니다. 아까 말씀해 주신 것처럼 화가 난 상태에서 무작정 움직였다가는 결과도 영 좋지 않을 거예요. 목표를 이룰 수단을 이성적으로 생각해야죠.

하지만 꿈을 생생하게 그리는 것은 어디까지나 대뇌 변연계의 몫이에요. 코피가 날 정도로 이상향을 뚜렷하게 떠올리면 더 확실한 효과를 얻을 수 있습니다.

작가 피를 흘릴 정도로 강렬한 꿈이라면 반드시 끝까지 도전할 수 있겠네요. 다만, 문제는 어떻게 하면 현실에서 동기부여가 될 만큼 감정을 극대화하느냐는 점이

죠. 선생님은 이 분야에서 뛰어나잖아요. 그 다양한
사례에 대해서는 2장부터 더 많이 이야기 나눌 예정
입니다. 우선 앞의 제 이야기를 가져와 자세히 말씀
나눠 보죠.

내면에 있는 답을 이끌어내기

작 가　　아까 선생님은 저에게 슈퍼볼 하프타임 공연을 상상
　　　　하도록 했습니다. 그리고 "이 상황에서는 특히 어떤
　　　　점이 좋은가요?"라는 질문으로 '자신의 존재가 다른
　　　　사람을 행복하게 하는 것이 좋다'는 저의 가치관을 끄
　　　　집어냈지요.

심리학자　그렇습니다. 다시 강조하지만 이건 머리로만 떠올리
　　　　면 절대 나오지 않아요. 그 자리에 있는 것처럼 그때
　　　　의 표정, 동작, 들려오는 소리, 냄새, 맛, 상당히 디테

일한 것까지 상상해야 합니다. 만약 과거에 겪은 일이라면 더욱 생생하게 떠올려야죠. 그렇게까지 선명하게 상상하면 "내 존재가 다른 사람을 행복하게 하고 있어, 난 이게 좋아"라는 말이 저절로 나옵니다. 이처럼 실제로 그 자리에 있는 것 같은 느낌을 심리학에서는 '임장감(臨場感)'이라고 해요.

작가　임장감. 그게 핵심이군요. 그렇게 가치관이 드러나면 이번에는 현 상황에서 그 가치관이 얼마나 충족되고 있는지 물으셨죠. 저는 6점이라고 했는데요. 그것을 1점이든 0.5점이든 좋으니 조금씩 높여가기 위해 어떻게 해야 하는지를 생각하면, 무엇을 해야 할지 답이 나오는 것이군요.

심리학자　그전에 지금 말한 '6점'을 언제 느꼈는지 구체적으로 알고 싶은데요.

작가　아, 그래서 그 질문을 받고 저는 줌(Zoom)으로 하고 있는 온라인 세미나 장면을 꼽았지요.

심리학자　그때도 임장감이 필요합니다. 줌 화면에 보이는 한 사람 한 사람의 얼굴, 목소리, 이름을 불렀을 때의 표정 변화를 보고 작가님의 감정이 어떻게 움직였는지 임장감을 통해 떠올리는 겁니다.

작 가   임장감을 갖고 상상해 보고 나서 그다음에는 어떻게
해야 7점 또는 8점이 될지 생각했지요.

심리학자   네, 그렇습니다. 그러면 1점을 올리기 위한 현실적인
대답이 작가님 본인에게서 나올 겁니다.

작 가   역시 선생님은 답을 가르쳐 주거나 조언을 해 주는 게
아니라, 어디까지나 본인의 내면에 있는 답을 이끌어
내는군요. 이것도 중요한 핵심이네요.

심리학자   바로 그겁니다. 의욕은 바깥이 아닌 내면에서 오는 거
예요.

작 가   그렇군요. 다음 장부터는 저 이외에 실제 내담자 분들
의 사례를 들어 잠재력을 이끌어내는 법을 살펴볼 텐
데요. 선생님이 내담자 본인의 내면으로부터 어떻게
답을 도출하는지, 이 관점에서 보면 쉽게 이해할 수
있을 것 같아요. 그럼 이제 고민을 안고 있는 분들을
모시고 본격적으로 시작해 보죠.

내일 당장 행동을 바꾸는
확실한 방법

작 가   별도로 마련된 '잠재력 코칭'에서는 '잠재력을 이끌어
내는 기술이 이런 느낌이구나' 하고 체감할 수 있는
여러 가지 방법을 좀 더 세심하게 소개하려고 합니다.
전문가가 아닌 독자 여러분도 쉽게 입문할 수 있는 방
법을 알면 좋겠어요.

심리학자   확실히 그렇죠. 간편하게 체험할 수 있고 알기 쉬운
방법이요. 그럼 혼자 할 수 있는 연습, 즉 자신의 의욕
을 끌어내는 방법을 알려드릴게요. 큰 사회적 영향을

끼치는 세계 유수의 명사들, 메이저리거와 같은 프로
운동선수가 마음을 다잡고 내면의 잠재력을 끌어내기
위해 하는 방법이니 여러분도 꼭 실천해 보셨으면 좋
겠어요.

작 가　좋습니다. 우선 자기 자신을 실험대에 올려놓는 게 먼
저네요.

심리학자　미래에 어떻게 하고 싶은지 확실하게 인식하지 못한
사람, 특히 비관적으로 생각하는 사람이 당장 내일부
터 행동을 바꿀 수 있는 방법입니다. 이용할 도구는
과거 플러스인데요. 과거에 있었던 긍정적인 경험이
죠. 뭐든지 좋으니 과거에 자신이 힘든 역경을 극복했
거나 어려운 과제를 해냈던 경험, 난관을 돌파했던 상
황을 떠올려 보세요.

작 가　그럼 대학 입시에 합격한 일이나 상사에게 칭찬받은
일 같은 것도 괜찮을까요?

심리학자　물론입니다. 팀을 이뤄 목표를 달성했던 기억도 좋아
요. 사소한 경험이라도 상관없습니다. 다이어트를 하
느라 도넛을 눈앞에 두고 참았던 일도 좋아요. 자신이
진심으로 '해냈다!'라고 생각한 일이면 뭐든지 괜찮아
요. 그런 장면을 생생하게 떠올리는 겁니다.

작가 생생하게 떠올린다, 임장감이군요.

심리학자 그렇습니다. 어떤 장소에 있었는지, 주위에 누가 있었는지를 떠올리면서 몸도 함께 사용하세요. 그때의 움직임과 목소리를 강조해서 재현하는 겁니다.

작가 승리했을 때의 포즈를 한다거나 "해냈어" 하고 목소리를 내면 될까요?

심리학자 네, 그렇게 하면 임장감이 높아지거든요. 이렇게 해서 그때의 감정을 충분히 맛본 다음에는 이제 그 기분으로 내일부터 무언가에 몰두한다면 어떤 일을 할 것인지 생각하는 거예요. 구체적으로 어떤 장면이 떠오르나요? 이때도 움직임, 목소리, 몸짓을 사용해서 떠올려 보세요. 노력하고 있는 자신의 감정을 맛보고, 한층 더 감정을 높이는 겁니다. 그렇게 하면 내일부터 무엇을 해야 하는지 자신의 내면에서 이끌어낼 수 있어요.

작가 그렇군요. 해야 할 일을 머리로 생각해서 종이에 적기만 하는 방법보다 훨씬 더 의욕이 솟아날 것 같아요.

심리학자 맞습니다. 그리고 더 손쉬운 방법이 있어요. 매일 아침 눈을 떴을 때 10초 동안 이불 속에서 과거 플러스나 미래 플러스를 떠올리기만 해도 효과가 있습니다.

작 가   그것도 마찬가지로 단순히 긍정적인 이미지를 떠올리
            기만 할 게 아니라, 주먹을 불끈 쥐는 등 선명하게 임
            장감을 높이면서 해야겠네요?

심리학자   그렇죠. 그 점이 중요합니다.

작 가   쉽고 간단한 방법이네요. 당장 오늘부터 실천하면 좋
            겠는데요.

2장

실천을 부르는
'자기 축'을 찾는다

아무것도 하지 않으면 의심과 공포가 생긴다.
하지만 행동하면 자신감과 용기가 생긴다.

―데일 카네기

자신이 게을러서 실패한다고 믿는
H씨 이야기

내담자 H씨는 자신이 게을러서 문제라고 생각한다.

그녀는 아침 조깅을 습관으로 만드는 데 도전했지만 매번 실패했다. 조깅뿐만 아니라 다른 일에서도 크고 작은 실패가 계속되었다. 그때마다 '이거 하나 제대로 못 한다'라는 생각에 자책감이 들었고, 게으른 자신을 꾸짖었다. 사실 게으름보다 더 큰 문제는 자존감을 깎아먹는 스스로에게 점점 익숙해지고 있다는 것이었다.

문제 패턴 찾기

심리학자	지금부터 아침 운동이 왜 어려운지 진짜 이유를 찾아 볼 거예요. H씨는 아침 일찍 일어나 조깅을 습관처럼 계속하고 싶으신 거죠?
H	네. 조깅을 습관 들이면 다른 일도 잘할 수 있을 것 같 아요.
심리학자	그러시군요. 실제로 실천한 적은 있나요? 아침 일찍 일어나 조깅하기.
H	네. 몇 번인가 하긴 했어요.
심리학자	알겠습니다. 그럼 이쪽으로 와 주시겠어요? 지금부터 는 문제 상황을 도구의 도움을 받아 생생하게 떠올려 볼 거예요. 아침에 일어날 때마다 옆에서 코칭할 수 없기에 그 상황을 현장감 있게 떠올리고, 무엇보다 이 과정을 통해 스스로 행동할 수 있는 의욕과 힘을 기르 는 겁니다.
H	네.
심리학자	여기에 의자를 두 개 준비했는데 오른쪽을 플러스, 왼 쪽을 마이너스라고 할게요. H씨의 상황에 맞춰 생각 해 보죠. 아침에 일찍 일어나 조깅을 한다면 플러스,

	즉 오른쪽입니다. 일찍 일어나지 못했다면 마이너스니까 왼쪽이고요. 눈을 감으세요. (잠시 후) 자, 이제 아침이 왔습니다. 플러스 쪽으로 한 걸음 다가가 주세요.
H	(한 걸음 다가간다.)
심리학자	이제 눈을 뜨세요. 기지개를 켜고, 잠자리에서 빠져나와 조깅을 시작할 때를 떠올려 보세요. 자, 달려 봅시다. (그 자리에서 가볍게 뛴다.)
H	(함께 가볍게 뛴다.)
심리학자	네, 됐습니다. 처음 자리로 돌아가죠. 아침 일찍 일어나 조깅하러 나간 날이 딱 한 번이었던 건 아니죠?
H	네. 여러 번 했어요.
심리학자	조깅 말고도 하고자 하는 일을 성공적으로 해냈을 때를 떠올려 보세요. 아주 작은 일도 좋습니다. 아까처럼 한 걸음 앞으로 나와서 기지개를 켜고 달립니다. 성공한 일들을 몇 개 생각하며 이 동작을 반복해 보시죠.
H	(한 걸음 앞으로 나와서 기지개를 켜고, 그 자리에서 조깅 동작을 한다. 여러 차례 반복한다.)
심리학자	네, 됐습니다. 그럼 이번에는, 계획대로 하지 못한 적이 있지요? 아침 일찍 일어나지 못했다거나 의욕이 생기지 않아 달리지 못했던 때를 떠올리는 겁니다.

H	(눈을 감고 그때의 기억을 떠올린다.)
심리학자	이번에는 마이너스 쪽으로 한 걸음 가 보세요. 일어나지 못하겠다, 의욕이 생기지 않는다. 하아-. (고개를 떨구고 한숨을 내쉰다. 이불을 뒤집어쓰는 몸짓을 한다.)
H	(한 걸음 앞으로 나가서 고개를 떨구고, 한숨 쉰다.)
심리학자	잘하셨어요. 조깅을 했을 때와 하지 못했을 때, 뭔가 퍼뜩 떠오르는 차이가 있나요?
H	으음. 아침에 바로 눈이 떠진 날은 거의 조깅하러 나갔던 것 같아요.
심리학자	그렇군요. 일찍 일어날 수 있느냐 아니냐가 우선 하나의 터닝 포인트가 되겠네요. 그럼 일찍 일어나면 문제는 해결되겠네요?
H	저…. 그게 잘 안 되니까….
심리학자	그렇죠? 자, 이번에는 이쪽으로 오세요.

터닝 포인트를 해냄 포인트로

심리학자	(의자 두 개를 놓고) 이 두 의자가 취침하는 시점이라고 할 거예요. 취침 의자 앞에는 아까 우리가 사용했던 플

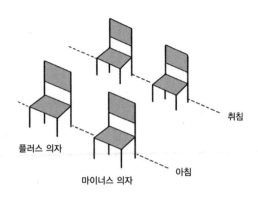

취침

플러스 의자

마이너스 의자   아침

러스 의자, 마이너스 의자가 하나씩 있어요. 우선 플러스 의자에 앉아 보세요.

H   (플러스 의자에 앉는다.)

심리학자 아침 일찍 일어났을 때는 그 전날 밤의 행동 양상이 있겠지요. 일찍 잤다거나 술을 마시지 않았다거나, 혹은 음악을 들었다거나. 그 상황을 떠올려 보세요. (잠시 기다린다.) 이제 마이너스 의자에 앉아 보세요. 이번엔 아침에 일찍 일어나지 못했을 때입니다. 전날 밤에 뭘 했는지 떠올려 보세요.

H   (눈을 감고 생각한다.)

심리학자 일찍 일어난 날은 나가서 달렸는데, 일찍 일어난 날과 일어나지 못한 날을 비교하니 전날 밤에 차이가 있던

가요?

H   일찍 일어난 날은 전날 밤에 일찍 잤어요. 느긋하게 욕조에 몸을 담그기도 했고요.

심리학자   그랬군요. 그럼 일찍 일어나기 위해 느긋하게 씻고 일찍 잠들면 되겠네요?

H   음…. 네. 하지만 시도를 안 해본 건 아니에요. 솔직히 말하면 금방 실패할 것 같다는 생각에 노력하는 것 자체가 힘들게 느껴지는 것 같아요.

심리학자   그럴 수 있어요. 조금 더 마음을 편히 가져 볼까요?

해결을 부르는 행동 찾기

심리학자   하루를 어떻게 보내면 느긋하게 목욕도 하고 일찍 잠자리에 들었는지 떠올려 보세요.

H   (플러스 의자를 보면서 기억을 떠올린다.)

심리학자   업무가 잔뜩 쌓여 있지 않았다거나 계획대로 일을 끝냈을 때, 혹은 인간관계가 술술 잘 풀렸다거나 여러 가지가 있을 수 있는데요. 어떤 때 여유롭게 목욕도 하고 일찍 잠자리에 들 수 있었지요?

H	음…. 꼭 해야 하는 일을 빨리 마치고 저녁도 일찌감치 먹은 날이에요.
심리학자	좋아요. 그럼 다음 단계로 이어가죠.

실천을 부르는 의욕 불어넣기

심리학자	할 일을 다 해놓고 저녁 식사를 마쳤다고 가정할게요. 그리고 일찍 잠자리에 들었습니다. 다음 날 아침 일찍 일어나서 기분 좋게 달렸습니다. 지금까지 떠올린 상황 중에서 가장 좋았던 순간은 언제죠? 달리고 있을 때 혹은 달리고 나서?
H	달릴 때 느끼는 아침 공기가 아주 기분 좋아요.
심리학자	좋습니다. 자, 그럼 달릴 때의 아침 공기를 생생하게 느껴 봅시다. (H와 함께 달린다.) 이런 식으로 달리고 돌아온 뒤에 하루를 어떻게 보낼 수 있을 것 같아요?
H	머릿속이 맑아져요. 그래서 일을 체계적으로 할 수 있을 것 같아요.

구체적인 행동을 몸에 입력하기

심리학자 좋아요. 그럼 내일 아침 일찍 일어나고, 달리고, 바람을 느끼고, 뇌가 맑아지고, 효율적으로 일하면서 하루를 보냅니다. 이 중에 어떤 상황을 상상하면 오늘은 일찍 잠자리에 들어야겠다는 생각이 드나요?

H 아침에 기분 좋게 달리고 있는 순간을 상상할 때요.

심리학자 자, 언제 상상할까요? 전날 어느 타이밍에 '내일 아침 일찍 일어나 달리면 바람이 상쾌할 거야' 하고 상상해야 기분이 좋을까요?

H 으음, 점심을 먹고 나서요.

심리학자 자, 점심을 먹었다고 가정하고 상상해 봅시다. 내일 아침, 상쾌한 바람을 느끼며 달리고 있는 장면을요. (취침 의자가 있는 곳까지 걸어간다.) 어떤 느낌으로 그날을 보낼 것 같은가요?

H 집에 돌아가서 어영부영 늘어져 있지 않고, 할 일을 착착 마칠 수 있을 것 같아요.

심리학자 그리고 그날은 일찍 잠자리에 들 거예요. 잠을 푹 자고 나서 아침 일찍 일어났습니다. (앞으로 나가면서) 이제 기지개를 켜고, 바람을 느끼며 달리는 거예요. (제

자리에서 달린다.)

H   (함께 달린다.)

심리학자   가능하면 생생하게 바람을 느껴 보세요. 이 장면과 아침의 신선한 공기를 매일 점심 식사 후에 상상하는 거예요. (잠시 후) H씨, 땀이 굉장한데요? 정말로 조깅한 것 같아요.

H   정말이네요!

심리학자   기분이 어때요?

H   좋아요. 이렇게만 지내면 건강해질 듯한 기분이에요.

심리학자   좋습니다. 5년, 10년 후의 목표는 떠올리기 어려워도 내일 아침 일찍 일어나 상쾌하게 달리는 모습은 얼마든지 상상으로 그릴 수 있어요. 그렇게 하면 많은 일이 더 잘 돌아가기 시작합니다.

H   네. 저는 지금까지 제가 게을러서 실패했다고 생각했거든요. 돌이켜보니 동기부여가 제대로 된 적이 없었던 것 같아요. 그동안 큰 꿈 없이 작은 목표들만 이뤄보려고 했는데 그것도 잘 안 돼서 자책하고 있었어요. 근데 아주 작은 목표에도 섬세한 동기부여가 필요하다는 걸 알게 됐어요.

심리학자   핵심은 눈에 보이게 하는 거예요. 내 상태가 눈앞에 그려지니 문제가 보이고, 문제가 보이니 뭘 해야 할지 알겠죠. 뭘 해야 할지 깨달은 상태에서 조깅을 했을 때의 긍정적인 감정을 떠올리기도 했어요. 마지막으로 무엇을 어느 타이밍에 해야 하는지까지 직접 말씀하셨어요. 일종의 세팅을 해둔 거죠.

이제 스스로의 역할이 중요해요. 지금은 함께 H씨 내면의 동기부여 스위치를 찾아냈지만, 실제로 하느냐 마느냐는 자신에게 달렸어요. 방법을 알려드렸으니, 할 수 있겠죠?

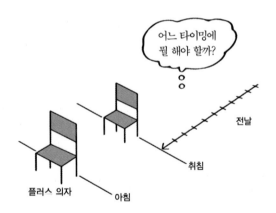

눈에 보여야 방법을 찾는다

작가   H씨의 이야기였습니다. 많은 분이 공감하실 것 같은
데요. 어떤 일을 시도했다가 포기하고 자신의 게으름
을 꾸짖곤 하죠. 선생님은 H씨의 이야기를 어떻게 보
셨나요?

심리학자   사실 실제로 게으르다, 게으르지 않다는 것은 생각보
다 중요하지 않아요. 자신이 게으르다고 생각하든, 다
른 문제가 있다고 생각하든 그래서 앞으로 어떻게 해
야 원하는 바를 이룰 수 있을지에 집중하는 게 중요하

죠. 나중에 더 자세히 언급하겠지만 '코칭'과 '카운슬링'의 영역은 다른데요. 내담자의 문제 원인을 찾아 함께 나서는 카운슬링은 뒤에서 다룰 거예요. 이번 장에서는 해결에 집중하는 '코칭'을 주로 한다고 생각하면 되겠습니다.

작가　그렇군요. 그럼 H씨의 코칭 이야기를 시작하죠. 처음엔 의자가 등장하는데요. 일반적인 상담을 생각하면 조금 의아할지도 모르겠네요.

심리학자　네, 의자 말이군요. 내담자의 사고를 시각화하기 위해 의자를 사용합니다.

작가　사고의 시각화. 우선 아침에 조깅하러 나가는 시점을 의자로 나타내고, 그 뒤에 의자를 또 놓아 취침 시점을 표시하셨지요.

심리학자　그렇습니다. 그리고 아침 일찍 일어나 조깅하러 나가는 상황과 일찍 일어나지 못해 조깅을 하지 못하는 상황을 플러스 의자, 마이너스 의자로 표현한 겁니다. 현재 상황을 명확하게 파악하기 위해서요.

작가　역시 계획대로 실천하는 상황과 제대로 해내지 못하는 상황을 단순히 머릿속으로만 생각하는 게 아니군요. 의자를 이용해서 시각화하는 거네요. 앞으로도 의

자가 계속 등장할 것 같으니 우선은 '시각화'의 도구
라는 사실을 기억하고 있으면 되겠죠?

심리학자   그렇습니다.

해낼 때의 패턴,
실패할 때의 패턴

작가   H씨는 조깅을 습관화하고 싶어 하는데요. 무언가를
              습관으로 만들고 싶은 사람은 굉장히 많을 것 같은데,
              이것을 이룰 수 있는 요령은 뭘까요?

심리학자   요령이라면, 우선 현장 검증을 해야겠지요.

작가   현장 검증이요?

심리학자   네. 일이 잘될 때, 즉 자신이 지속하고 싶은 일을 제대
              로 해낸 날과 제대로 하지 못했을 때의 행동 패턴을
              찾아내는 겁니다. 그것이 뇌 속에서 일어나는 패턴인

지, 아니면 사고 패턴인지 언어 패턴인지, 혹은 신체 감각이나 감정으로 인한 패턴인지를 말이죠. 이 단계에서는 아무것도 알 수가 없어요. 절대로 지레짐작해서 예측하지 말고 임장감을 살려 재현해야 합니다. 이때는 우선 과거 플러스를 사용해야 해요. 과거에 잘 해냈던 일을 선명하게 떠올리는 것이지요. 중요한 건, 몸을 같이 움직이면서 감정을 끌어올려 기억을 떠올려야 한다는 점입니다.

작가   임장감이 중요하군요. 몸을 사용해야 하고요.

심리학자   그렇습니다. 내담자가 예전에 그 일을 계획대로 잘 해 냈을 때와 제대로 하지 못했을 때의 움직임을 생각해 내는 겁니다.

작가   선생님, H씨와 함께 달리셨죠.

심리학자   네. 그렇게 해서 잘 해냈을 때와 제대로 하지 못했을 때 어떤 일이 일어났는지를 재현하고 현장 검증을 한 겁니다.

작가   그런 뒤에 제자리로 돌아와서 플러스 의자와 마이너스 의자를 비교했지요. 패턴을 시각화해 두었기에 비교할 수 있었던 거네요.

심리학자   그렇습니다. 그렇게 해서 먼저 일찍 일어났느냐 아니냐가 H씨의 '터닝 포인트'라는 사실을 인지하도록 했어요. '일찍 일어나면 달릴 수 있구나' 하고 말이죠. 그럼 H씨에게 "앞으로 일찍 일어나세요!"라고 하면 어떨까요?

작가   아, 그게 안 되니까 고민인 건데….

심리학자   그렇죠? 그래서 이번에는 '아침에 일찍 일어날 수 있느냐 없느냐'에 영향을 미치는 원인을 찾았습니다.

작가   전날 밤에 느긋하게 욕조에 몸을 담그고 일찍 잤다면서요.

심리학자   네, 맞아요. 자, 그럼 "이제 느긋하게 목욕을 하고 일찍 주무세요"라고 말씀드릴까요?

작가   아니, 그게 안 되니까….

심리학자   맞아요, 그렇죠? 그럼 일찍 잘 수 있는지 아닌지에 영향을 미치는 원인은 뭐죠?

작가   아하, 조금씩 알 것 같아요.

심리학자   그렇게 이어가 보니, 무사히 일을 마치고 저녁을 일찍 먹고 나면 여유롭게 씻고 일찌감치 잠자리에 들 수 있다는 것을 알았습니다. 그럼 어떻게 해야 일을 잘 마치고 저녁을 일찍 먹을 수 있는지, 거기에 영향을 끼치는 원인으로 뭐가 있을지 더 생각해 봐도 좋아요.

하지만 시간도 한정되어 있고 슬슬 구체적인 행동이 보이기 시작했으니 다음 단계로 넘어갔습니다.

다음 날 아침 일찍 일어나 조깅을 하려면 전날에 할 일이나 업무를 효율적으로 마무리하고 저녁 식사를 일찍 마칠 수 있게 하는 거죠. 사실 이렇게 말해도, "합시다!"라고 말만 해서는 의욕이 생겨나지 않을 수 있어요.

작가　맞습니다. 일을 마치고 귀가해서 바로 저녁 준비를 하지 않고 자기도 모르게 뒹굴뒹굴 늘어지기도 하고요. 충분히 있을 수 있죠.

심리학자　그렇습니다. 그래서 일찍 일어나 조깅을 할 때 가장 기분 좋은 순간을 상상하는 겁니다. 달리면서 아침의 상쾌한 바람을 느끼는 그 순간을 시각화하는 거죠.

작가　확실히 '내일도 이 상쾌한 바람을 느낄 수 있겠구나!' 라고 생각하면 보다 쉽게 행동으로 옮길 수 있겠어요.

심리학자　바로 그겁니다. 그렇다면 어느 타이밍에 상상해야 가장 효과가 클까요? 이것도 본인이 가장 잘 알고 있어요. H씨에게 물어보니 점심시간이 좋다고 하더군요. H씨가 점심시간에 '내일도 이 상쾌한 바람을 느낄 수 있어!'라고 현실감 있게 다짐하면 오후 일을 효율적으

로 끝낼 최적의 방법도 찾고 실천할 거예요. 그럼 일
을 일찍 마칠 수 있지요.

작가   H씨도 그렇게 말했죠. "집에 돌아가면 어영부영 늘어
져 있지 않을 거다"라고요. 세탁기를 돌리면서 빠릿빠
릿 저녁을 준비할 거고 예정대로 착착 잘할 것 같아
요. 그럼 씻고 일찍 잠자리에 들 수 있겠죠.

나의 성향에 맞는 '자기 축' 세우기

심리학자　앞에서 보신 바와 같이, 과거와 미래의 플러스, 마이너
　　　　스로 결과에 영향을 미치는 요소를 찾아내는 것이 현
　　　　장 검증입니다.

작 가　계획대로 잘 해냈을 때 맛볼 수 있는 기쁨을 어디서
　　　　느끼면 좋을지, 구체적인 행동까지 이끌어내는 거로
　　　　군요.

심리학자　그렇습니다. H씨의 경우는 미래 플러스로 동기부여
　　　　가 됐다는 걸 알 수 있어요. 일단 미래 플러스를 이용

해 보고 결과가 잘 나왔으니까 그걸로 알게 된 거죠.

작가 　미래 플러스로 잠재력을 이끌어낼 수 있을 것 같다는
　　　가설이 적중한 거네요.

심리학자 　사람에 따라서는 미래 플러스를 자극해도 반응이 없
　　　는 경우도 있습니다. 그럴 때는 미래 마이너스를 사용
　　　해야 해요. 조깅을 안 하면 살이 찔 테고, 여름에 휴가
　　　지에서 수영복을 입을 때 느낄 부끄러움을 생생하게
　　　떠올리면 위기감이 들어 열심히 하게 되는 사람도 있
　　　거든요.

작가 　부정적인 미래가 너무나 싫어서 '하기'를 선택하는 거
　　　군요.

심리학자 　물론 과거의 실패, 즉 과거 마이너스를 떠올리고 너무
　　　후회가 되어 의욕이 돋는 사람도 있는가 하면, 과거의
　　　성공 체험, 즉 과거 플러스의 효과로 나아가는 사람도
　　　있습니다.
　　　그 외에 '모델 플러스·마이너스'라는 것도 있어요.
　　　'저 사람처럼 되고 싶다' 또는 '저 사람처럼은 되고 싶
　　　지 않다'는 자각에서 움직이게 되는 거죠. 자신이 동
　　　경하는 롤모델이 매일 조깅하고 있다는 사실을 알면
　　　자신도 달리고 싶어지겠지요. 이런 게 전부 의욕의 원

천이 되는 겁니다.

작가 　어느 쪽이든지 결국 의욕의 원천은 자신의 내면에 있는 거네요.

심리학자 　그렇습니다. 자신의 중심축을 찾는다고 해도 좋아요. 자기 중심축을 이끌어내는 것이 기본입니다.

작가 　남이 '이렇게 해라' 해서 하는 게 아니라 자신의 축을 찾아서 행동하면 열심히 할 수 있지요. 그것이 바로 앞으로 나아가야 할 때 매우 중요한 사항이네요.

목표를 현실처럼
더 생생하게 만들기

작 가　선생님께서는 임장감을 살려 생생하게 이미지를 떠올리는 방법을 되풀이해서 강조하셨는데요. 저도 '아, 무의식중에 그 방법을 실천하고 있었구나' 하고 나중에 깨달았던 경험이 있어요.

심리학자　아하, 그러셨어요? 어떤 상황이었나요?

작 가　저는 매년 150명에서 200명 정도를 모집해 발리 여행을 주최하고 있는데요. 참가자들이 모두 즐겁게 지내다 왔으면 해서 현지 사람들과 연락을 주고받으며

파티 연회장을 물색합니다. 파티장의 사진을 보면서
요. 그런데 이게 한계가 있더라고요. 역시 현지에 직
접 가 보지 않고서는 어떤 기획을 해야 좋을지 알 수
가 없더군요. 사진만으로는 분위기 같은 게 충분히 느
껴지지 않고 말이죠.

심리학자　　아무래도 그렇죠?

작 가　　그래서 어떻게 할까 고민 끝에, 발리로 사전 답사하러
가서 파티장을 방문했습니다. 직접 석양을 볼 수 있는
시간을 확인하는 겁니다. 석양이 가장 아름다운 시간
이 언제인지를 확인해서 그 시각까지 여행자들이 탄
버스가 도착하도록 맞추는 거죠. 그리고 나서 고객의
입장이 되어 연회장 입구에 들어갔어요. 저는 사람들
이 안으로 들어서는 순간 "우와!" 하고 놀라게 해 주
고 싶거든요. 그런데 막상 고객이 된 기분으로 들어가
니 '어라? 입구의 오른쪽 공간이 좀 허전한데?' 하는
생각이 들었어요. 그래서 "이곳에서 발리 전통 머리를
땋아 주는 서비스를 할 사람을 찾아 주세요"라고 부탁
했지요.

또 바다가 보이는 곳에서 "와, 멋지다!"라는 감탄이 절
로 들 때, 여기 말이 있다면 최고로 근사한 그림이 되

겠다 싶었어요. 그때 "말 두 필을 데려다 놓고 여행자들이 탈 수 있도록 해 주세요"라고 요청했어요. 이런 식으로 고객의 눈높이에서 회장을 둘러보고 '아, 좋은 생각이 났다' 하는 아이디어를 여행사 담당자에게 제안해 프로그램 내용을 협의하고 조정해 나갑니다.

심리학자   정말 재미있네요. 모두에게 체험하게 해 주고 싶은 감정을 이미지로 그려 보고, 그것을 실현하는 데 무엇이 부족한지 파악해서 하나씩 갖춰가는 거군요.

작 가   그렇습니다. 체험하게 해 주고 싶은 일과 현재 상황의 차이를 메워가지요.

심리학자   그거야말로 틀림없는 임장감이네요. 지금 그 장소에 도착한 여행자가 된 것처럼 보이고 들리고 느끼는 것을 시뮬레이션하는 거니까요. 핵심은 자신의 시선이 아니라 상대의 시선이 되어야 한다는 점이고요.
작가님은 발리로 가서, 버스에서 내린 참가자의 시선으로 들어간 겁니다. 아마 작가님 자신의 입장에서 '이런 게 있으면 더 좋을 텐데'라고 생각하는 쪽이 쉽긴 하겠지만요.

작 가   그렇죠. 하지만 제 입장만 고려해서는 참가자들의 감정이 전혀 움직이지 않겠죠.

심리학자　　바로 그 점이 코칭에서도 중요합니다. 상대의 감정이
　　　　　　움직이지 않으면 결코 계획한 대로 이뤄낼 수 없으니
　　　　　　까요. 자신의 시선에 갇혀 조언해 봐야 상대에게 와닿
　　　　　　지 않으니 아무런 의미가 없는 거죠.

작 가　　　그래서 상대의 시선으로 들어가서 머리만이 아니라
　　　　　　몸을 사용해 감정을 움직여야 하는 거군요.

심리학자　　그게 가장 빠르고 좋은 해결책입니다.

3장

생각만으로는 무엇이
중요한지 모른다

가장 중요한 일이
중요하지 않은 일들에 좌우되어서는 안 된다.

—괴테

성공을 위해 더 속도를 높이고 싶은
N씨 이야기

내담자 N씨는 얼마 전 회사를 관뒀다.

자신의 사업을 하고 싶어서였다. 자유롭게 능력껏 일할 수 있다는 생각에 처음 몇 달은 몸이 힘들어도 즐거웠다. 그러나 누가 그랬던가. 회사가 전쟁터라면 회사 밖은 지옥이라고. 회사 안에는 적이 몇 명뿐이었지만 회사를 나오니 모두가 적이었다. 심지어 직원이 생기니 몇 달 치 급여를 저축해 놓고도 압박감이 심해졌다. 방법은 하나라고 생각했다. 빨리 성공하는 것. 그 목표를 위해 밤낮으로 노력하고 있지만, 생각처럼 빨리 성장하지 못하고 있다. N씨는 더 속도를 내고 싶어 한다.

목표까지 남은 거리

심리학자   자, 시작해 볼까요? 지금부터 N씨의 상상력이 필요해요. 제가 도움을 드릴 거고요. 문제를 어떻게 해결하면 좋을지 머리와 몸을 다 활용해서 찾아볼 거예요. 그러니 제가 말씀드리는 대로 마음을 편히 갖고, 행동하시면 돼요.

N   네, 알겠습니다.

심리학자   현재가 여기(N씨가 서 있는 장소)라고 하면, '이렇게 되고 싶다' 하는 미래는 어디쯤인가요? 대충이라도 좋으니 손가락으로 가리켜 보세요.

N   저기쯤이요. (몇 미터 앞을 가리킨다.)

심리학자   그곳에 의자를 놓아두죠. (어시스턴트가 의자를 가져다 놓는다.) 이 의자를 '미래1'이라고 부를 거예요. 자, 저기까지 걸어가 봅시다.

N   (미래1 의자까지 걸어간다.)

심리학자   본인이 생각하는 미래가 정말로 그곳에 있는지, 아니

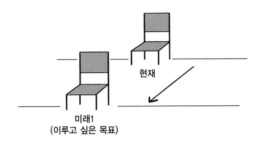

미래1
(이루고 싶은 목표)

현재

면 조금 더 앞쪽인지 더 뒤쪽인지 한 번 더 가늠해 보고 원하는 대로 조정해 보세요. 조금만 움직여도 좋고 많이 움직여도 좋습니다.

N   (의자의 위치를 약간 조정한다.) 이쯤이면 됩니다.

곧 현실이 될 미래

심리학자   좋습니다. 그러면 그 자리(미래1)에서 목표가 실현된 장면을 생생하게 떠올려 보세요. 선명하게 상상해야 합니다.

N   네. (눈을 감고 상상한다.)

심리학자	그중에서도 가장 기쁜 장면을 상상해 보세요. 목표를 달성하는 장면이 머릿속에 떠오르면 손발을 움직여 그 기쁜 감정을 표현해 보도록 합니다.
N	네? 어, 어떻게요?
심리학자	승리했을 때 하는 포즈도 좋고 뭐든 괜찮아요.
N	(주먹 쥔 손을 들어 올리며) 이런 느낌이에요.
심리학자	(주먹 쥔 손을 들어 올리며) 이런 느낌이군요? 그럼, 이 상황에서 주위에 어떤 사람들이 있는지 떠올려 보세요. 모두 어떤 표정일 것 같나요?
N	싱글싱글 웃고 있을 것 같아요.
심리학자	모두 싱글싱글 웃고 있군요. 복장은 어떤가요?
N	멋있게 차려입고 있는데요.
심리학자	멋있는 차림새로군요. 자, 주변에서 어떤 말이 들리는 것 같나요?
N	"고마워"라고 하는 것 같아요.
심리학자	어떤 말투인가요?
N	기뻐서 울컥한 목소리예요.
심리학자	그렇게 기쁜 목소리로 "고마워"라고 하는 말을 들으면 N씨는 어떻게 반응할까요? 차분하게 대할지, "정말 잘됐어!" 하고 큰소리로 대답할지 아니면 함께 눈물

지을 건지요.

N   럭비에서 스크럼 짤 때처럼 둥글게 모여서, 자축할 것

     같아요.

심리학자   그럼 어디 한번 스크럼을 짜 볼까요? (스크럼 동작을 하

     면서) 마음속이 차분한 느낌인가요? 아니면 약간 흥분

     한 느낌인가요?

N   벅차오르는 느낌이요.

심리학자   숨을 몰아쉬면서 심장 박동 수를 늘려 보세요. 어떤

     소리가 들려오는 것 같아요?

N   '와-' 하는 환호 소리요.

심리학자   네, 좋아요.

첫 번째 실험

심리학자   자, 이제 현재 위치에서 미래1 의자로 향할 때 어떤

     상상을 하면서 가면 좋을지 이미지로 떠올릴 수 있겠

     지요?

N   네.

심리학자   그럼 어느 정도의 페이스로 목표를 달성하고 싶은가

요? 자신이 원하는 속도로 미래까지 가 봅시다.

N　　　　(미래1 의자까지 달린다. 아주 빠르지는 않다.)

심리학자　이 정도의 페이스군요. 알겠습니다. 지금 이 페이스를
　　　　이상적이라고 했는데, 그럼 현실은 어느 정도라고 생
　　　　각해요? 다시 돌아와서 느리다고 느낀 현재의 속도를
　　　　표현해 보세요.

N　　　　(미래1 의자까지 달린다. 아까와 속도가 비슷해 보인다.)

심리학자　아까는 이상적인 속도, 지금은 현재 느끼는 속도로 가
　　　　신 거죠?

N　　　　네, 맞아요.

심리학자　지금 속도라면 해야 하는 일을 해낼 수 있을 것 같은
　　　　가요? 아니면 끝까지 못 갈 것 같은가요?

N　　　　글쎄요. 쉽게 도달하기는 할 것 같지만, '더 빨리 이뤄
　　　　내고 싶다'라는 페이스에는 맞추지 못할 것 같아요.

심리학자　그렇군요. (N씨는 자신의 속도가 느리거나 빠르다는 차이
　　　　를 객관적으로 인지하지 못하고 있다. 즉 현재 속도에서 이상
　　　　적인 속도로 가기 위해 무엇을 해야 할지 파악하기 힘든 상
　　　　태이므로 다음엔 다른 방법을 써야겠다.)

심리학자   한번 시험해 보죠. 미래1 의자보다 먼 곳에 미래2 의
자를 놓을게요. 이번엔 목표가 미래2에 있다고 생각
해 보세요. 자, 어떤 페이스로 가고 싶은가요? 우선 아
무 제약이 없다고 생각한다면?

N   (미래2 의자까지 달려간다.)

심리학자   (함께 달린다.) 아까 달릴 때하고 어떻게 다른가요? 힘
이 더 들었다거나, 속도가 바뀌었다거나.

N   으음, 똑같아요.

심리학자   차이가 안 느껴지는군요.

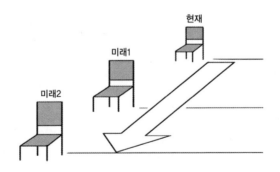

심리학자	이번에는 미래1 의자보다 가까운 곳에 미래3 의자를 놓을 거예요. 다시 한번 생각해 보세요. 이 정도로 가까운 거리라면 어떤 페이스로 가고 싶은지.
N	(현재에서 미래3 의자까지 달린다.)
심리학자	(함께 달린다.) 지금 세 의자까지의 거리를 가 봤는데, 뭔가 차이가 있나요? 약간 떨어져서 볼까요? (옆쪽으로 나와 지금 달린 코스를 본다.)
N	앞쪽에 있는 의자가 가깝다는 것 외에는 모르겠어요.
심리학자	그렇군요. (목표와의 거리를 달리해 보았지만 N씨는 여전히 이상적인 속도가 더 빨라야 한다는 사실을 느끼지 못하고 있다.)

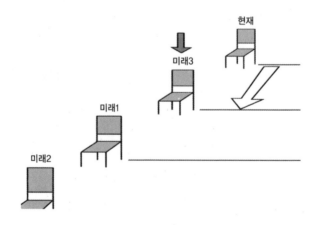

세 번째 실험

심리학자   원래 목표 지점은 여기 있었지요. (미래1 의자를 가리킨다.) 여기까지 오면서 어떤 단계를 밟으면 좋을지 상상이 가요?

N   네? 다시 한번 말씀해 주세요.

심리학자   여기가 목표잖아요? 목표에 다다르기 전에 이 중간 지점에서 일의 진척 상황이 어떻게 되는지, 어떤 과정이 있는지 상상할 수 있을까요?

N   음, 중간 과정이라…. 크게 없는 것 같아요.

심리학자   지금 상태에서는 별다른 과정 없이, 그냥 같은 일을 반복하다 보면 목표에 도착하게 되겠네요?

N   네.

심리학자   그 중간 지점에서 어떤 마음이나 감정이 들지는 상상이 되나요?

N   그냥 잘 되어간다는 느낌은 들어요.

심리학자   잘 되어가는 느낌이군요. (중간에 어떤 일을 하면 효율적으로 빠르게 성장할 수 있을지 깨닫기를 기대했지만, 이 방법도 통하지 않았다.)

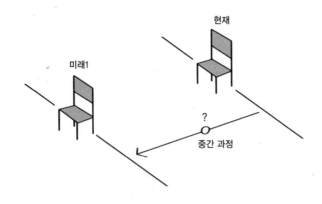

네 번째 실험

....

심리학자 (현재 의자의 오른쪽으로 간다.) 다시 한번 이상적인 페

이스와 현실의 페이스로 가 봅시다. 우선 이상적인 페

이스로.

N (달린다.)

심리학자 (함께 달린다.) 이번에는 현실이라고 생각하고 가 보시

죠. (현재 의자의 왼쪽으로 간다.)

N (아까와 같은 속도로 간다.)

심리학자 자, 다시 조금 떨어져서 바라봅시다. 현실과 이상, 두

길을 가는 각 사람의 어떤 부분이 다르다고 느껴지나요?

N   으음….

심리학자   괜찮아요. 다음 단계로 가 볼까요? (N씨는 이상향을 막연히 높게 잡았다. 이상향을 구체적으로 그리지 못하므로 자연스레 지금의 속도와 이상적 속도의 차이를 인지하지 못하는 것이다. 그렇다면 역발상을 하면 어떨까? 결과를 미리 체험하도록 하는 방법이 남았다.)

마지막 실험

심리학자   자, 이상적인 속도보다도 두 배 빠르게, 지금부터 달려 보실까요?

N   네? 아, 네.

심리학자   생각하는 것보다 두 배는 더 빠른 속도로 달려 보세요. 꽤 빨리 달려야 할 거예요.

N   네.

심리학자   자, 시작하시죠.

N   (미래1 의자까지 빨리 달린다.)

심리학자	(함께 달리고 되돌아온다.) 한 번 더 해 볼까요? 두세 번 반복해 볼게요.
N	(미래1 의자까지 반복해서 달린다.)
심리학자	좋습니다. 다시 현재로 돌아오세요. 지금처럼 두 배 빠른 속도로 간다면 무엇을 어떻게 해야 좋을까요? 매일 어떤 행동을 하면 좋을지 생각해 볼게요. 예를 들어 N씨가 하는 일 중에 중요한 일은 뭐가 있나요?
N	거래처 소통이요.
심리학자	그럼 전화 업무를 어느 정도의 페이스로 하면 좋을지 현실감 있게 상상해 보세요. 내일 사무실에 있다고 생각하면서요. (잠시 후) 됐나요?
N	네.
심리학자	자, 방금 생각한 속도로 일을 할 때 현실에서 어느 정도 페이스로 갈 수 있겠어요? 달려 보세요.
N	(달린다.)
심리학자	지금 달리는 속도가 빨라졌어요. 원래 상상하던 것보다 두 배의 페이스로 행동하면 현실에서의 속도가 처음에 이상적이라고 생각하던 바로 그 정도에 가까워질 것 같네요.
N	아, 정말 그렇군요.

심리학자	그렇게 하기 위해 지금 하고 있는 일에서 뭘 바꿨죠? 무언가를 빠르게 하셨나요?
N	네, 지금 하는 일을 더 많이 한다고 생각했어요.
심리학자	횟수를 늘렸군요. 구체적으로 어떤 일을 떠올렸나요?
N	지금보다도 많은 사람과 연락하고 이야기하는 느낌이에요.
심리학자	그 정도를 현재의 몇 배라든가 아니면 몇 명이라고 숫자로 말할 수 있어요?
N	두 배 정도예요.
심리학자	한 사람당 연락하는 시간은 똑같고 총 시간을 늘려 두 배 많은 사람과 소통하는 건가요? 혹은 한 사람당 시간을 줄이고 두 배 더 많은 사람과 소통하는 건가요?
N	한 사람당 시간을 줄여 두 배 많이 연락한다고 생각했어요.
심리학자	한 사람에게 쏟는 시간은 얼마나 줄였지요?
N	한 사람에게 할애하는 시간을 4분의 3 정도로 줄여서 인원수가 두 배인 느낌이에요.
심리학자	아, 그렇군요. 구체적으로 잘 상상하셨어요.

필요한 일과 불필요한 일 나누기

심리학자 자, 현재로 돌아가죠. (한 걸음 앞에 다른 의자를 놓는다.) 거래처 사람을 만나서 뭔가 대화를 나누고 있군요. 지금의 페이스로 가면?

N (한 걸음 내디딘다.)

심리학자 이것이 한 사람과 이야기하는 시간이에요. 시간을 4분의 3으로 줄이려면 다른 무언가를 바꿔야 합니다. 예를 들어 일을 더 빨리할 수도 있고, 어떤 일을 하지 않거나 잠시 생략할 수도 있죠. 구체적으로 이미지를 떠올려 보세요.

N (상상한다.)

심리학자 그런 식으로 한 사람과 연락해 보세요.

N (한 걸음 앞으로 나아간다.)

심리학자 자, 이번에는 절반으로 가 보죠. (의자를 현재에서 반 걸음 앞까지 가까이 놓고) 한 사람과 소통할 때의 시간을 과감하게 자신이 상정한 시간의 절반으로 하는 거예요. 어쨌든 시간 비용을 절반으로 줄이는 거죠. 상상해 보세요.

N 네.

심리학자	어때요? 그렇게 할 수 있을 것 같아요?
N	으음···.
심리학자	원래 시간의 4분의 3만큼 필요하다면 4분의 3으로도 좋지만, 도전해 볼까요? 전화를 걸기 전에 미리 문자로 정보를 보내두거나 이야기를 간결하게 정리해 둘 수도 있습니다. 아니면 한 번에 화상 회의로 두 사람을 만나거나 여럿이 그룹으로 모여 의논할 수도 있고요. 어떤 방법이든 좋습니다. 어떤 형태로든 시간 비용을 절감해서 한 사람당 연락하는 시간을 절반으로 줄인 상태이지요. 상상해 보세요.
N	네.
심리학자	어때요?
N	으음···. 조금은 할 수 있을 것 같아요.
심리학자	자, 한 사람당 드는 시간을 절반으로 줄이고 소통하는 사람 수를 두 배로 해도 괜찮겠어요?
N	네.
심리학자	그럼 시험 삼아서, 한 사람과 통화하는 시간을 지금의 절반으로 하지요. 그러기 위해 어떤 일을 줄이거나 늘려야 하는지는 이제 아시겠죠? 그 일들을 내일부터 한다고 생각하고 최대한 효율적으로 많은 사람을 만

나 보죠. 두 배든 세 배든 많은 거래처 사람과 접촉할 수 있어요. 그 속도로 한다면 일을 얼마나 해낼 수 있을지 저 목표까지 달리면서 상상해 보세요.

N   (미래1 의자까지 달린다.)

심리학자   (함께 달린다.) 어때요? (돌아오면서) 한 번 더 갑시다.

N   (미래1 의자까지 달린다.)

심리학자   (함께 달린다.) 어때요?

N   세 배 정도는 할 수 있을 것 같은데요.

심리학자   와, 세 배. 그렇군요. 그렇다면 한 사람과 통화하는 시간을 현재 상태의 절반으로 줄이고, 세 배나 많은 인원과 소통할 수 있다는 거네요.

N   네.

심리학자   평소의 절반쯤 되는 시간에 세 배 많은 거래처와 연락한다. N씨의 목표는 그거예요. 자, 그럼 목표를 알았으니 실행해 봅시다.

N   (미래1 의자까지 달린다.)

심리학자   (함께 달린다.) 상당히 빠르네요!

N   그러네요. 왜인지 모르지만 자연스럽게 빨리 달리게 되네요. 선생님이 두 배 빨리 달리라고 했을 때보다 더 빨라진 것 같아요.

심리학자	어때요, N씨가 생각한 이상적인 페이스로 일을 해나 갈 수 있겠어요?
N	아니요, 그것보다 빨리 해낼 수 있을 것 같아요.
심리학자	와, 대단해요. 이런 식으로 뭘 해야 할지 모르겠을 땐 먼저 빠르게 목표에 도달한다는 장면을 시각화하는 방법이 있어요. 되도록 지금처럼 머리와 몸을 함께 빠르게 움직이고요. 그리고 그 속도에 맞추기 위해 필요한 일과 줄여야 할 일을 나누어 시각화된 장면에서 실행하는 거죠. 그럼 N씨처럼 '거래처와 지금보다 세 배 더 소통한다'는 목표와 이를 위한 방법을 알게 되고, 방법을 찾았으니 추진력이 생기게 돼요.
N	마지막에는 저절로 빠르게 달렸어요. 왠지 의욕이 마구 생겨났어요.
심리학자	스스로 무엇을 해야 할지, 어떤 일을 줄이거나 없앨지 아시겠지요?
N	네.
심리학자	그럼, 지금 생각나는 범위에서 답하시면 되는데요. 어떤 일을 줄여야 할까요?
N	제가 해야 할 일이 아닌 일까지 붙잡고 있는 것 같아요. 다른 직원에게 믿고 맡기면 될 일까지도요. 어떤

일은 제가 일일이 확인했을 때 절차만 복잡해지고 결과가 잘 나온다는 보장도 없거든요. 그런 불필요한 일들을 과감히 정리하고 꼭 해야 할 일, 성장에 도움 될 일을 정성 들여 해야겠어요.

심리학자   네, 충분히 잘 해낼 수 있어요.

방관자 시점이 아닌
당사자 관점으로

작 가   선생님, N씨와 함께 엄청나게 달리셨어요.

심리학자 그게 중요합니다. 되풀이해 말했듯이 신체를 사용해
서 감정을 움직여야 하는데요. 내담자가 몸을 움직이
거나 목소리를 내는 것을 제가 '분석 모드'로 가만히
관찰한다면 어떻겠습니까?

작 가   내담자도 민망하고, 진행되기 힘들겠네요.

심리학자 그렇죠. 힘들어요. 그래서 내담자보다 열심일 정도로
저도 함께 움직이는 겁니다. 저를 찾아오는 분 중에

운동선수도 많은데, 한 프로축구 선수를 코칭할 때는 90분간 계속 달린 적도 있어요. 운동장이 아니라 방 안에서지만요.

작가 　그렇게까지 하니까 내면에 있는 것까지 알게 되는 거 로군요.

심리학자 　그렇습니다. 잠재된 힘을 끌어내려면 '방관자 체험'이 아니라 '당사자 체험'을 해야 해요. 답은 내담자의 내 면에 있거든요. 내담자가 보고 있는 것과 똑같은 세계 를 보지 않으면 아무것도 알 수가 없습니다.

그래서 저는 내담자와 마주 바라보지 않고 옆에 서 있 으면서, 시선을 같은 곳으로 향합니다. 같은 시선으로 그들의 내면에서 어떤 일이 일어나는지를 찾는 것이 지요. "당신은 어떤 세계를 보고 있나요?"라고 묻듯 말이죠.

목표까지의 거리를 체감하기

작가   이번에도 의자를 사용하셨어요. N씨에게 실현하고 싶
          은 미래, 목표의 위치를 결정하게 하고요.

심리학자   그렇습니다. 목표 자체는 머리로도 생각할 수 있어요.
          반면 인간의 몸에는 마음과 연결된 신체 고유의 지
          (知)가 있어 현재 있는 위치와 목표와의 거리가 잠재
          되어 있습니다.

작가   "목표가 어디쯤에 있을지 의자를 놓아 보세요." "의자
          를 움직여 조정하세요." 이렇게 제시하면 목표와의 거

리가 드러나 시각화할 수 있는 거군요. 그리고 시각화한 뒤에는 그 거리를 여러 번 달려 보거나 걸어 보고요. 저는 선생님이 내담자의 목표를 상세히 묻지 않는다는 사실이 흥미롭더군요. 이번에도 N씨가 어떤 비즈니스로 어떤 목표를 달성하고 싶어 하는지는 모르고 시작하셨죠.

심리학자　처음부터 묻지 않아도 이끌어낼 수 있거든요. 물론 본인이 자세히 얘기해 준다면 들을 것이고 상세한 정보가 있으면 유용하게 쓸 수 있어요. 하지만 그건 꼭 필요한 조건은 아닙니다.

작　가　자신의 꿈을 이야기하는 게 쑥스러운 사람도 있으니까요. 아무래도 프라이버시에 관한 내용은 말하기가 쉽지 않거든요.

심리학자　그래도 잠재력을 이끌어내는 데 문제는 없지요. 말하지 않아도 본인에게는 보이니까 그걸로 괜찮습니다.

작　가　N씨에게는 목표 지점의 의자가 놓인 곳에 있는 미래가 생생히 보일 테니까요. N씨의 고민은 이 목표를 향해 느리게 가고 있는 느낌이 든다는 거군요. 사실은 빠르게 달려가고 싶은데, 속도를 높이려면 무엇을 어떻게 해야 좋을지 모르고요. 몸으로 직접 해 봐도 느리게 갈 때(현재)와 빠르다고 생각하고 갈 때(이상)의 차이를 알 수 없는 거지요. 결과부터 말하자면, 선생님은 이상으로 여기는 속도보다 빠른 속도를 내려면 어떻게 해야 하는지 체험하게 하셨죠. 자신의 원래 이상적인 속도가 사실은 느린 속도였다는 것을 알게 하기 위해서요.

심리학자　맞습니다.

작　가　하지만 처음에 하려고 했던 방법은 다르잖아요. 처음엔 '현재 속도와 이상적 속도를 비교해 보면 차이가 드러나지 않을까?' 하고 가설을 세운 거죠.

심리학자　그렇습니다. 이상적인 속도와 현실의 속도를 비교하는 거예요. 현실의 속도에 무언가를 더하거나 내려놓으면 이상적인 속도가 된다는 걸 알려 주고 싶었어요. 그런데 이때도 N씨는 차이를 느끼지 못했어요.

작　가　그렇네요. 처음엔 현실의 속도와 이상적인 속도에서 할 일이 똑같다고 여기고 있었어요.

심리학자　그래서 스스로 알아차릴 수 있도록 다양한 시도를 했지요.

성공한 사람의 조언이
소용없을 때

심리학자 N씨의 사례에서 가장 중요했던 문제 해결의 요소는
         주관과 임장감입니다.

작 가   임장감은 여러 번 들었지만 여기서 '주관'이라는 말이
         처음 나왔네요.

심리학자 우선 임장감에 관해서는 지금까지도 여러 차례 설명
         했지요. 이번에도 자신이 실현하고 싶은 미래를 생생
         하게 이미지로 떠올려서 임장감이 확실히 드러나게
         했습니다.

작가   목표를 이뤘을 때를 떠올리며 럭비 스크럼처럼 모였을 때 말이죠? 이때 파충류 뇌, 즉 대뇌변연계가 깨어나야 하잖아요.

심리학자   그렇습니다. 이미지로 떠올릴 때 "뭐, 그렇죠…", "이정도면 됐어요", "음, 그런가?"와 같은 반응이 나온다면 대뇌 신피질 수준입니다. 머리로 생각하는 단계죠. 그래서 목표 지점을 생생하게 그리면서 벅차오르는 마음이 드는 정도까지 가야 해요.

작가   그래서 일부러 숨을 몰아쉬게 했군요.

심리학자   또 하나 중요한 것이 주관입니다. 가령 성과가 오르지 않는 사람이 있다고 가정하죠. 그럴 때 "이렇게 하는 게 좋아요"라고 조언하는 사람이 많습니다. 그 조언이 딱 맞아떨어지면 좋지요. 하지만 아무리 성공한 사람, 존경하는 사람이 하는 조언이라도 고개를 갸웃하게 되는 경우도 있겠지요?

작가   그럴 겁니다. 아무리 전문가가 조언한다 해도 그 조언이 자신에게 맞지 않으면 아무 소용없으니까요. "아, 좋은 말씀이지만 저한테는 좀 무리예요." 이렇게 되는 거죠. 그리고 또 "그 방법은 이미 해 봤는데요…"라고 하는 경우도 많아요.

심리학자	그렇죠. 작가님을 곁에서 객관적으로 보면 그런 조언을 하게 되는 겁니다. 옆에서 보는 사람의 의견 말고 내담자의 시선, 즉 당사자의 주관으로 들어가야만 문제의 해결 방법을 알 수 있어요. 이건 한 사람 한 사람, 다 다르거든요.
작가	'이 사람은 어떤 세계를 보고 있을까? 아하, 이런 세계관으로 보고 있어. 그렇다면 이런 느낌이겠지?' 이런 식으로 다가가야 하는 거죠.
심리학자	맞아요. 이 점이 바로 상대에게서 가능성을 끌어낼 때 중요한 사항이에요. 그게 가능하니까 메이저리그 선수도 코칭할 수 있는 겁니다.
	저는 투수 포지션은 해 본 적이 없어요. 하지만 상대와 같은 시선으로 보면서 투구가 좋을 때와 나쁠 때를 신체와 감정으로 느낍니다. 그렇게 해서 내담자 본인의 눈으로 면밀히 관찰하니까 코칭을 할 수 있는 거죠. 같은 눈높이에 서면 내담자가 머리로는 아직 알아차리지 못한 영역으로 들어갈 수 있습니다. 그래서 본인도 몰랐던 것까지 끌어낼 수 있지요.
작가	그렇다는 건, 잠재력을 끌어낼 수 있다면 자신보다 좋은 성과를 내는 사람도 코칭할 수 있다는 뜻이겠네

요? 자신보다 우수한 부하 직원을 코칭할 수 있다면 좋은 리더가 될 수 있겠어요. 그러기 위해서도 상대와 같은 시선에서 봐야만 하는 것이고요. 아주 중요한 부분이네요. 그리고 전부터 생각한 건데 말이죠. 미래를 이미지로 그리자고 한다거나 과거의 성공 체험을 떠올리자고 권하는 건, 누구나 다 할 수 있는 말이잖아요. 하지만 선생님이 하는 방식은 이미지의 화소 수, 즉 화질이 완전히 다릅니다.

심리학자 화소 수! 아주 좋은 표현이네요.

작 가 이미지가 굉장히 선명해요. 임장감을 높인 데다가 상대와 똑같은 시선에 맞추고 당사자가 되어 주관적으로 체험하기 때문이겠지요.

실패한 계획은 성장의 재료

작 가   N씨 이야기로 돌아가자면, N씨의 주관으로 봤을 때는 이상적인 속도로 가는 경우와 현실의 속도로 가는 경우의 차이가 보이지 않았잖아요. 이때 "아니, 왜 몰라요? 자기가 어떻게 뛰는지도 몰라요?"라고 말해서는 안 되겠지요.

심리학자   맞습니다. N씨가 보고 있는 세계에서는 그 차이가 보이지 않는 거예요. 그렇다면 이 가설을 버리고 다음 가설을 시도해야 하는 거죠.

작가	그다음에는 목표 지점을 멀리해 보기도 하고 가까이
	해 보기도 했지요.
심리학자	네, 아쉽지만 그것도 다 실패였어요. 아무런 도움이
	되지 않았죠. 하지만 그걸로 괜찮아요. 전부 가설이에
	요. 다양한 가설을 세워 시뮬레이션을 해 보는 거죠.
	정답은 저도 모릅니다. 답은 결국 N씨의 내면에 있으
	니까요.
작가	자신이 정답을 알고 있다고 생각한다면 상담이 아닌
	그저 조언하는 사람이 되겠네요.
심리학자	맞습니다. 그런 거예요. 처음부터 정답에 다다르지 못
	하는 건 당연해요. 내담자 본인이 찾을 때까지 여러
	가설을 세워 시도하는 겁니다. 본인이 깨달으면 표정
	부터 달라지니까 금세 알 수 있어요.
	N씨의 경우, 목표 지점을 멀리해 봐도 가까이해 봐도
	아무 차이가 없었어요. 목표 지점 이전에 있는 중간
	지점을 이미지로 떠올려도, 그리고 이상적인 속도와
	현실에서의 속도를 조금 떨어진 곳에서 가늠해 봐도,
	아무것도 보이지 않았습니다. 제 가설은 계속 빗나갔
	어요.
작가	중요한 부분을 말씀하셨어요. 선생님도 계속 빗나갈

때가 있군요.

심리학자   당연히 있지요. 언제나 한 방에 '정답'을 찾을 수 있다
면 그건 정답이 아니에요. 자신이 해석한 내용을 내담
자에게 강요할 뿐입니다.

작 가   그래서 바로 정답을 찾으려고 초조해하면 안 되는 거
로군요. N씨에게 '빗나간' 가설도, 같은 고민이 있는
다른 사람에게는 정답일 수 있는 것이고요. 그래서 이
번에 선생님이 시도해 본 방법, 즉 목표 지점을 가까
이했다가 멀리도 해 봤다가, 이상적인 페이스와 현실
에서의 페이스를 옆에서 바라보기도 하는 다양한 방
법들도 전부 도구로써 머릿속 어딘가에 넣어 주면 좋
겠군요.

심리학자   그렇습니다. 정답은 사람에 따라 다르니까요. 뭐가 딱
들어맞을지는 모르는 거예요.

작 가   그래서 N씨 말인데요. 여러 가지 가설이 맞지 않았잖
아요. 그런데 이상적으로 여기는 속도보다도 두 배 빠
르게 달려 봤더니?

심리학자   네, 거기서 드디어 답이 나왔지요. N씨가 두 배 속도
로 목표 지점까지 다다른 경우를 직접 뛰며 시각화했
더니 그때 어떤 일을 하고 있는지가 명확해졌습니다.

한마디로 임장감이 드러난 거죠.

작가   그렇습니다. 구체적으로 N씨가 비즈니스 목적으로 사
람과 연락할 때가 있어요. 그때 업무 이야기를 할지
안부를 물을지는 알 수 없지만, 어떤 작업을 생략하고
어떻게 소통 방식을 바꿔서 사업을 성공으로 이끌 것
인지 구체적으로 시뮬레이션할 수 있게 되었습니다.

시각화 도구를 활용하기

작가   저는 지금까지 선생님의 코칭을 수없이 체험했기에
선생님이 무엇을 할지 어느 정도는 예상할 수 있습니
다. 이번에는 중간까지 '이 방법을 사용하려나?' 하고
생각한 게 있었어요. 이상적인 속도와 현실에서의 속
도를 체감하게 하는 방법 말입니다. 달리고, 걷고, 그
리고 조금 떨어져 바라보면서 그 차이를 비교해 보았
지요. 흔히 속도가 안 날 때 무거운 무언가가 끌어당
기는 느낌을 받으면 '이 무게는 뭐지?' 하고 생각하게

되잖아요. 이 방법을 활용하려는 것이라고 예상했어요.

심리학자 맞습니다. 그렇게 하려고 했지요. 하지만 본인에게 물어 보니 느리게 느껴지는 이유가 무엇인지 잘 모른다더군요.

작 가 네. 만약에 제가 "가고 싶은데 뭔가가 잡아당겨서 갈수가 없어요!"라고 고민 상담을 한다면 어떻게 하시겠어요?

심리학자 그러면 뒤에서 어깨를 붙잡겠어요. (작가의 어깨를 붙잡는다.) 자, 가 보세요.

작 가 (앞으로 나아가려고 한다.) 가, 갈 수가 없어요….

심리학자 자, 지금 뭐가 잡아당기는 걸까요? 동료가 협조하지 않거나 가족이 반대한다거나, 혹은 뭔가가 꺼려지는 그런 상황을 떠올려 보세요.

그러고 나서 이번에는 작가님과 자리를 바꿀 거예요. 작가님이 잡아당기는 역할을 하는 겁니다. 그래서 잡아당기는 쪽이 무얼 의미하는지를 자신의 내면에서 끌어내도록 할 거예요. 즉, 자신의 안에 있는 걸림돌을 끌어내는 거죠. 뭔가 무거운 것을 안고 있어 속도가 나지 않는다고 느낀다면 실제로 무거운 봉투를 들어 보게 하는 경우도 있습니다. 그렇게 해서 '이 종이봉투는 나에게 있어서 뭐지?'라고 생각하며 이미지를 떠올려 보는 거죠.

작가   아하, 의자뿐만 아니라 사람의 손이라든가 종이봉투도 시각화에 사용할 수 있는 것이군요.

심리학자   그렇습니다. '물질화'라고 해도 좋고요. 하지만 N씨의 내면에는 그런 방해물은 없었어요. 단지 속도 문제였지요. 이때 "아니, 뭔가 방해물이 있을 거예요. 말해 보세요"라고 몰아붙여도 소용없습니다. 어디까지나 내담자가 말한 내용을 토대로 시각화, 물질화를 해나가야 합니다.

작가   굉장히 중요한 부분이네요. 상대가 말한 내용을 "아, 그건 이런 거 맞죠?"라며 자신이 해석하지 말고 그 사람이 말한 대로 시각화해야 한다는 거죠? 코칭은 현장 검증 같아요. 여기 시체가 쓰러져 있고 이쪽에 나이프가 떨어져 있다면 그 상황 그대로 지면에 초크로 그려나가는 것처럼요. 그 사람이 말한 행동을 그대로 재현해서 검증하는 게 중요하다는 뜻이네요.

심리학자   그래서 정말 사람마다 다른 겁니다. 잠재력을 이끌어 내는 방법이 무한대라는 뜻이 되지요.

작가   그렇다면 이런 경우는 이렇게 하고 저런 경우는 저렇게 하라고 전부 매뉴얼화 해서 기억하려는 건 무리겠어요. 선생님이 무엇을 하고 있는지 기본을 파악해서 응용해나가는 것이 중요할 것 같아요. 반대로, 기본을 제대로 이해하면 뭐든지 활용할 수 있다는 뜻이기도 하겠고요.

심리학자   맞습니다. 특히 임장감이나 시각화는 기본 중에서도 기본이니까 확실히 이해하는 게 좋습니다.

서포터가 있으면 효과가 두 배

심리학자   이번에는 2명이서 체감할 수 있는 훈련을 소개해 보
        죠. 1명은 꿈을 이루고 싶어 하는 사람 역할을, 또 1명
        은 서포트하는 사람 역할을 합니다.

작 가   꿈을 이루고 싶어 하는 내담자가 있고 그를 서포트하
        는 사람, 즉 코치가 있습니다. 이건 코칭 형태로군요.

심리학자   그렇습니다. 잠재력을 이끌어내기 위한 방법을 단순
        한 형태로 체감하는 훈련이라고 생각하시면 됩니다.
        우선 꿈을 이루고 싶은 사람과 서포트하는 사람이 나

란히 서 봅시다.

작가 　네. 같은 방향을 보고 같은 시선으로 이입하는 게 코
　　　칭의 기본이지요.

심리학자 　지금 서 있는 곳이 현재입니다. 그 자리에서 한 발짝
　　　앞으로 나간 곳이 미래이고요. 꿈이 실현된 상황이라
　　　고 생각하시면 됩니다.

　　　그럼, 꿈을 이루고 싶은 사람이 실제로 한 발 앞으로
　　　나가 봅시다. 여기가 꿈이 실현된 시점이에요. 다시
　　　돌아가 봅시다. 현재로 돌아왔습니다. 서포트하는 사
　　　람은 옆에 붙어서 앞뒤로 이동할 때 함께 움직이세요.
　　　꿈을 이루고 싶은 사람은 다시 한 걸음 앞으로 나가
　　　봅니다. 꿈이 실현된 장면입니다. 실현되었을 때의 감
　　　정을 생생하게 이미지로 떠올리고 그때의 움직임을
　　　팔다리로 표현해 보세요.

작가 　두 주먹을 쥐어 올리고 승리 포즈를 취하든 만세를 하
　　　든, 자신이 좋을 대로 움직이면 되지요?

심리학자 　그럼요. 그때 자신이 느끼는 감정을 강조하는 겁니다.
　　　자, 꿈을 이루고 싶은 분은 목표 지점에서 어떤 광경
　　　이 보이나요? 어떤 목소리가 들리지요? 생생하게 이
　　　미지를 떠올려 보세요. 그리고 떠오른 이미지를 서포

트하는 사람에게 이야기해 주세요.

작가 이때 꿈이 실현된 장면의 이미지를 상대에게 공유하
는 것이군요.

심리학자 네, 맞아요. 이제 서포트하는 사람도 그 장면이 어떤
이미지인지 알았습니다. 그러면 서포트하는 사람은 꿈
을 이루고 싶어 하는 사람보다 두 배로 더 기쁜 감정
을 표현해 주세요. 손발의 움직임도 두 배로 해서 그
가 꿈을 실현했다는 사실을 마음껏 기뻐하는 겁니다.
그다음엔 꿈을 이루고 싶은 사람이 서포트하는 사람
의 기뻐하는 모습을 보고 또 그 이상으로 기쁨을 표현
하는 거예요. 그러면 서포트하는 사람이 또 그 이상의
기쁨을 온몸의 움직임으로 표현하는 거죠. 그렇게 반
복하는 거예요.

작가 서로 기쁨을 최대한 표현하면서 성공을 체감하는 거
네요.

심리학자 그렇죠. 대화하는 게 아니라 '꿈이 이루어졌어!' 하는
기쁨을 배로, 또 그 배로 점점 크게 느끼고 표현해가
는 겁니다. 대략 세 번 정도 반복할까요? 그러고 나면
한발 뒤로 물러나서 현재로 되돌아갑니다. 이것으로
전반전이 끝났습니다.

작가　　또 뭘 해야 할 게 있나요?

심리학자　네. 다음 '잠재력 코칭'에서는 서포트하는 사람에게 방해하는 역할을 하게 할 겁니다. 이 방법으로 또 다른 효과를 얻을 수 있어요. 그럼 다음 장으로 이어가 볼까요?

4장

장점을 자극해야
단점도 나아진다

아홉 번의 지적보다 한 번의 칭찬이
그 사람을 이끄는 데 큰 힘이 된다.

— 데일 카네기

팀을 하나로 모으고 싶은
M씨 이야기

내담자 M씨는 댄스팀의 리더로 활동하고 있다.

요즘은 속 썩이는 팀원들이 있어 고민이다. 갈등이 언제부터 시작됐는지, 어떻게 깊은 골을 만들어냈는지 알 수가 없다. 본인이 부족한 리더라고 생각하면서도 다 같이 잘해 보려는 마음을 몰라주는 팀원들이 서운하기만 하다. 팀원들에게 마음을 털어놓고 솔직해지기는커녕, 점점 가면을 쓰고 혼자 속앓이하는 날이 많아졌다. M씨가 정말 원하는 바는 서로 마음을 열어 팀이 하나가 되는 것이다.

의자로 관계의 거리 표현하기

심리학자 자, 시작하겠습니다. M씨는 팀을 하나로 모으고 싶으신 거죠?

M 네, 그렇습니다.

심리학자 구성원이 대략 몇 명인가요?

M 20명 정도 됩니다.

심리학자 그중에서 특히 문제가 되는 사람을 3~4명만 골라서 상상해 보시겠어요? 서로 다 다른 문제점을 지니고 있는 사람들로요.

M 네.

심리학자 그럼 이니셜로도 괜찮으니까 한 사람씩 이름을 알려주세요.

M 음, 우선 E씨.

심리학자 E씨. 의자에 이름을 써 붙여 놓읍시다. (어시스턴트가 이름이 적힌 종이를 의자에 붙인다.)

M T씨. H씨.

심리학자 T씨랑 H씨요.

M 그리고 A씨요.

심리학자 네. 이제 됐나요? 자, M씨는 여기서 어떤 입장인가요?

맨 앞에 서 있는지, 아니면 뒤에서 모두를 보고 있는지요. 혹시 다른 팀원들은 어떤가요? 각자 어느 쪽을 향하고 있어요? 앞을 보고 있는지, 전혀 다른 방향을 보고 있는지. 누구랑 누가 가깝고 누구랑 누가 떨어져 있는지. 이런 상황을 자유롭게 의자 위치로 표현해 보세요.

M   네. (이니셜이 적힌 의자들을 움직이기 시작한다.)

심리학자   이런 식으로 관계를 의자 위치로 표현해서 현재 팀의 상황을 한눈에 볼 수 있습니다.

내가 보는 상대방의 모습

심리학자   다 됐나요?

M   네, 이런 상황이에요.

심리학자   자, 어디든 좋으니 앉을까요?

M   (E씨의 의자에 앉는다.)

심리학자   E씨 자리로군요. E씨는 어떤 표정을 하고 있죠?

M   네? E씨는….

심리학자   설명하지 않아도 되니까 실제로 똑같이 해 보실래요?

M	으흠. (잠시 생각하더니, 귀찮다는 표정으로 털썩 앉는다.)
심리학자	더 강하게 표현해 보세요.
M	(더 귀찮은 표정으로 늘어져 앉는다.)
심리학자	좋아요. 표정을 재현하면 마음도 재현할 수 있습니다. 자, E씨는 말은 하지 않아도 마음속으로 생각하는 게 있죠? 얘기해 보세요.
M	으음…. "뭔 소린지 모르겠네."
심리학자	'뭔 소린지 모르겠네.' 누구에게 하는 말일까요?
M	저희가 춤을 배우는 선생님이요.
심리학자	선생님이 하는 말을 이해하지 못하는가 보군요. 자, 이번에는 A씨 자리에 앉아 보세요.
M	(A씨의 의자에 앉는다.)
심리학자	이번에는 가능하면 A씨 같은 자세를 취하고 최대한 실감나게 표현해 보죠.
M	(고개를 숙이고 고민하는 듯한 자세를 취한다.)
심리학자	A씨가 뭐라고 하나요?
M	"무슨 말인지는 알겠는데 대체 뭘 해야 할지 잘 모르겠어."
심리학자	그렇군요. 그럼 이번에는 H씨 차례입니다. 역시 최대한 현실과 비슷하게 표현해 봅시다.

M	(H씨의 의자에 앉는다. 팔짱을 끼고 고개를 갸웃한다.)
심리학자	H씨는 뭐라고 하나요?
M	"재밌어 보이긴 하는데 따라가질 못하겠어."
심리학자	좋아요. 이번에는 T씨, 가시죠.
M	(T씨의 의자에 앉는다. 똑바로 앞을 향하고 두 주먹을 쥔다.)
심리학자	T씨가 뭐라고 말하죠?
M	"열심히 할 거야! 근데 이 팀, 괜찮을까?"
심리학자	그렇군요. 그럼 이제 M씨 자신의 의자에 앉으세요.
M	(자신의 이름이 적힌 의자에 앉는다.)
심리학자	이 팀원들 속에서 M씨는 어떤 표정을 짓게 되던가요? 저만 알고 있을 테니 솔직하게 얘기해 보세요. 살짝 뒤를 돌아 팀원들을 보면 어떤 느낌이 드는지 표현해 보시죠.
M	(머리를 감싼다.) 머리 아파요….
심리학자	두통을 느끼는군요. 보시다시피 현재 팀의 상황이 이렇습니다. M씨는 지금 이런 분위기에 놓여 있는 거예요. 그럼 지금부터 이 상황을 어떻게 해결하면 좋을지 이야기해 보죠.

그 사람의 장점은 뭘까

심리학자　자, 이제 팀원들의 의자를 바라보며 서 볼까요? 아까 말은 그렇게 했지만 E씨에게도 장점이 있겠지요? 모두에게 도움이 되는 좋은 점 말이에요. 어떤 게 있을까요?

M　(잠시 생각하고 나서) 자신이 할 수 있는 일이 있으면 협조하며 움직이더군요.

심리학자　자신이 할 수 있는 일이 있으면 다른 사람들과 협조해서 도움을 주는군요. 자, 그럼 A씨의 장점은요?

M　A씨는… 잘하지 못하는 부분을 스스로 깨닫고 어떻게든 해결하려고 해요.

심리학자　그 부분이 모두에게 도움이 되는 점인가요? 달리 'A씨는 이걸 잘하니까 더 힘을 쏟으면 좋을 텐데' 하는 점 없나요?

M　흐음….

심리학자　잘 못하는 부분을 어떻게든 해내려고 아무리 애써도, 못하는 채로 발전이 없으면 다른 사람 입장에서는 '당신은 도움이 안 돼!' 하는 생각이 들 수밖에요. 모두가 "그 부분은 진짜 팀 전체에 도움이 되었어"라고 말할 수 있는 그런 점을 생각해 보세요.

M   (곰곰이 생각한다.)

심리학자   A씨는 어떤 면에서 팀에 도움을 주나요?

M   밝고 에너지가 넘쳐요.

심리학자   좋아요. 그럼 이번에는 H씨로 넘어가 볼까요?

M   춤 동작은 빨리 못 익히지만요.

심리학자   네. 빨리 못 익히지만요?

M   표현력이 좋아서 무대에서 빛이 나요.

심리학자   좋은데요. '표현력이 좋아서 무대에서 빛이 난다.' 자, 그럼 T씨의 장점은요?

M   으음…. (생각한다.)

심리학자   장점이 바로 안 떠오르면 평소에도 '넌 왜 그걸 못하는 거야!' 같은 생각이 금방 들죠. 혹시 T씨가 무대 위에서는 어떤가요?

M   아, 무대에서 당당하게 있을 때는 정말 멋져요.

심리학자   특히 어떤 때 멋지죠?

M   파워풀한 춤을 출 때요.

심리학자   파워풀한 느낌이요. 좋습니다.

나의 장점도 함께 찾기

심리학자   그리고 M씨 자신에게는 어떤 장점이 있습니까?

M   (또 깊이 생각에 빠진다.)

심리학자   자신을 인정하지 못하면 타인도 인정할 수가 없어요. 타인을 인정하지 못하는 사람은 자신도 인정하지 못하고요.

M   흐음….

심리학자   그럼 자신의 의자에 한번 앉아 볼까요?

M   (M씨의 의자에 앉는다.)

심리학자   주먹을 꼭 쥐고 이를 꽉 물고요. "나 이렇게 열심히 해왔어"라고 그대로 말해 보세요.

M   나 이렇게 열심히 해왔어.

심리학자   뭘 열심히 해왔죠? 지금까지.

M   지금까지…. 공부도 열심히 하고 댄스도 발레도 전부 열심히 했어요. 주 5일 레슨 받으러 가서 울고 야단맞으면서도 정말 노력했거든요.

심리학자   그 가운데서 특히 자부심이 있는 건 뭔가요?

M   표현력은 자신 있어요.

심리학자   표현력이군요. 알겠습니다. 그럼 일어나 보시죠.

각자의 장점을 살릴 때 팀은 어떻게 될까

심리학자   팀원마다 각각 장점이 있었죠. 그 장점을 발휘할 수 있다면 어떨까요? 예를 들어 E씨가 협조할 수 있는 상황을 늘리고 A씨가 더 밝게 일할 수 있도록 하고, 또 H씨가 무대에서 빛날 수 있는 상황을 많이 만들어 주고 T씨에게 더 파워풀하게 춤출 기회를 주고⋯. 이렇게 하면 어떻게 될까요? 아무 제약 없다고 생각하고 가장 이상적인 모습으로 의자를 옮겨 보세요.

M   (의자를 옮긴다.) 네, 다 옮겼어요.

심리학자   그럼 T씨의 의자에 앉아 보시겠어요? T씨가 뭐라고 하나요?

M   (T씨의 의자에 앉아) "너무 즐거워요. 역시 파워풀한 춤을 추는 게 재밌어요."

심리학자   자, E씨는요?

M   (E씨의 의자에 앉아) "무대가 넓으니 마음껏 움직일 수 있어서 신이 나요."

심리학자   마음껏 움직여서 신이 나는군요. H씨는 어때요?

M   (H씨의 의자에 앉아) "열심히 하길 잘했어!"

심리학자   뭘 열심히 했나요?

M	열심히 연습하는 거요.
심리학자	특히 어떤 연습을 열심히 했나요?
M	H씨가 가장 자신 없어 하던 스트레칭이랑 발끝 펴기 동작이요.
심리학자	자, 이제 제가 M씨라고 합시다. (M씨의 의자에 앉는다. H씨의 의자에 앉아 있는 M씨에게 말한다.) "H씨, 스트레칭과 발끝 펴기를 정말 열심히 했군요." H씨의 입장에서 답해 볼까요?
M	"열심히 하는 게 당연하죠."
심리학자	그래도 기쁘죠?
M	기뻐요.
심리학자	그럴 거예요. 하하. 이번에는 A씨 자리로 갈까요?
M	(A씨의 의자에 앉아) "춤추는 건 역시 즐겁고, 마음껏 표현해도 되겠어."
심리학자	좋아요, 그럼 M씨의 의자로 가죠.
M	(M씨의 의자에 앉는다.)
심리학자	이제 모두 이런 말을 합니다. "내가 잘 추는 춤을 춰서 즐거워." "무대가 넓어서 신이 나."

"스트레칭이랑 발끝 펴기 동작을 열심히 연습하길 잘 했어."

"표현하는 건 진짜 재밌는 일이야."

모두 이런 식으로 말한다면 기분이 어때요?

M   기쁘죠. '열심히 작품을 만들길 참 잘했어' 하고요.

심리학자   특히 뭐가 기쁜가요?

M   팀원들이 제각각 성장한 모습이 보이고, 무엇보다 팀이 하나가 된 느낌이 드니까 그게 기쁘네요.

심리학자   조금 뒤쪽으로 물러나 보실래요?

M   (뒤쪽에 서서 팀 전체를 바라본다.)

심리학자   이런 팀을 보고 있으면 어떤 기분이 들어요?

M   (웃음을 지으며) 좋아요.

심리학자   자, 이런 팀을 목표로 합시다. 마지막으로 자신에게 이렇게 말해 주세요. 지금까지의 과정을 떠올리면서 춤을 시작한 지 몇 년이 지났는지, 처음에 어떤 마음으로 시작했는지 되돌아보세요. 힘들 때도 있었을 거고 다 때려치우고 싶을 정도로 괴로울 때도 있었겠죠. 전부 다 떠올리는 겁니다.

M   (기억을 떠올린다.)

심리학자   '난 이렇게 열심히 해왔는데 왜 너는 연습하지 않는 거야?' 하고 화가 치밀 때도 있었지요. 하지만 마지막에는 이렇게 하나가 되어 있어요. 그 장면을 상상해 보세요.

M   (눈가가 촉촉해진다.)

심리학자   지금 신체와 감정이 자극되어 있다는 걸 알겠어요? 저절로 눈물이 나오고 있어요. 마침내 팀은 하나가 될 거예요. 지적에는 반응이 없던 팀원들이, 자신의 장점을 알아주는 M씨를 만나 장점을 살려 더 잘해 보려고 하네요. 이러니저러니 해도 M씨가 모두를 하나로 모아서 성장시켰어요. 그런 자신에게 한마디 하신다면, 어떤 말을 해 주고 싶으신가요?

M   "잘했어! 애썼다"라고 말해 주고 싶어요.

심리학자   괜찮다면 자신의 어깨를 두드리며 말해 주세요.

M   (스스로 어깨를 토닥이며) 그동안 애썼어! 그 마음으로 팀을 이끌어줘.

심리학자   (잠시 기다렸다가 말을 꺼낸다.) 어떠셨어요?

M   (눈물을 훔친다.) 기쁘다는 말밖에 안 나와요. 그동안 자책도 하고 다른 사람 원망도 했어요. 근데 이제 그 이유를 알 것 같아요. 제가 바라는 모습을 남에게 투영한 거예요. 다른 사람이 리더가 되었다면 전 그 사

람의 가치관에 못 미치는 부분으로 지적받았겠죠. 저는 각자의 부족한 부분을 고치면 팀이 하나가 될 줄 알았는데, 잘못 알고 있었어요. 팀이 하나가 돼야 부족한 부분이 상쇄되는 거였어요.

팀 빌딩과 아들러의 전체론

작 가 영화를 한 편 본 것 같군요. 지금의 내용을 '팀 빌딩 (team building)'이라는 개념으로 본다면 '결점을 지적하기보다는 그 사람의 장점을 보자'라는 한 줄로 정리할 수 있겠어요.

심리학자 그렇습니다.

작 가 선생님이 한 일은 각각의 의자에 앉아 보며 전체 속에서 자신과 그 사람들과의 관계를 들여다보도록 한 거였지요. 그런 방법을 썼을 때 비로소 정보가 나오는 것이고요.

이와 똑같은 일을 그저 책상에 앉아서 한다면 머릿속에서만 생각하게 되지요. 그러면 '이 사람은 안 되겠어' 또는 '아니, 내가 이렇게 노력해도 결국은 그 사람 문제 아니야?'라면서 그저 화를 내게 될지도 모르겠어요.

심리학자   제가 코칭과 카운슬링, 그리고 명상의 기반으로 삼고 있는 아들러 심리학에 '전체론'이라는 사고관이 있습니다. 흔히 앞으로 나아가고 싶은 자신이 있고, 제동을 거는 자신이 있어서 그 둘이 갈등을 일으킨다고 생각하는데요. 하지만 실은 우리 내면에 모순은 없어요. 앞으로 나아가고 싶은 자신이 있고, 또 한 사람의 자신이 응원하고 싶어 한다는 것이 전체론의 요지입니다. 그와 마찬가지로 저는 팀 안에서도 모두 앞으로 나아가고 싶다는 서로 다른 모양의 의견들이 있을 뿐, 실은 갈등이 없다고 생각해요.

작 가   대개 사람마다 사고방식이 달라 서로 부딪히기도 하고 방해도 된다고 생각하지요.

심리학자   맞습니다. 하지만 이 사람이 방해한 덕분에 어떤 깨달음을 얻었다든가, 이 사람이 한 말 덕분에 성장할 수 있었다고 생각하면 인생이 편해집니다. 어떤 일이 일어나더라도 '이 일로 인해 깨달은 것은 뭐지? 혹은 얻은 것은 뭐지?'라는 관점에서 생각을 정리하면 갈등은 사라지고 크게 두려울 것이 없어지지요.

작가 그렇겠군요. 자, 그 사고방식을 토대로 지금 M씨의 상황을 이해하고 활용하려면 어떻게 해야 할지 조금 더 설명해 주시겠어요? 이번에는 우선 팀원들을 의자로 표현했는데요.

심리학자 네. M씨의 팀은 20명 정도인데 그중에서 팀을 대표할 만한 4명을 고르게 했습니다.

작가 몇 명만 추려서 고르면 된다, 즉 전원을 의자로 표현하지 않아도 된다는 뜻이군요.

심리학자 어떤 팀이든 미래를 향해서 앞으로 나아가는 사람, 아직 뒤처지는 사람, 긍정적인 사람, 삐딱한 사람, 소극적인 사람 등 다양한 유형이 있잖아요. 그런 각 유형의 사람을 몇 명 뽑아서 팀을 대표하게 하는 겁니다. 제가 지금까지 했던 코칭 중에는 모 항공사 7,000명의 승무원을 대상으로 한 사례도 있는데, 그때도 직원의 유형을 대표적인 여덟 가지로 추려서 진행했습니다. 팀원 수가 많아도 유형별로 나누면 사실 그렇게 많지는 않거든요.

작 가 그런 인간관계를 의자로 표현하다니 놀랍습니다. 사
람의 관계성을 나타내는 데도 의자를 사용할 수 있는
거군요.

심리학자 서로 가까이에 있는 사람도 있고 멀리 떨어져 있는 사
람도 있지요. 의자로 앞, 뒤의 방향도 나타낼 수 있어
서 긍정적이라든지 소극적이라든지, 혹은 서로 맞서
서 대립하는 상황도 표현할 수 있어요. '이 사람과 이
사람은 사이가 엄청 나쁜데도 거리는 가깝네' 같은 관
계도 있을 거고요.

작 가 있어요. '그렇게 사이가 안 좋으면서도 왜 항상 같이
있지?' 싶은 관계.

심리학자 네, 맞아요. 그런 관계도 의자를 사용해서 표현할 수
있습니다.

타인의 입장에 '서기' 위해서 '앉기'

작가   의자가 팀원이라고 생각하고, 자신과의 관계를 생각해 거리에 차이를 두고 그 사람에 해당하는 의자를 배치했어요. 그다음 순서는 각각의 의자에 앉아 보는 거군요.

심리학자   맞아요. 그 사람과 같은 표정이나 동작을 하면서 '이 사람, 이런 생각을 했겠구나' 하고 이미지로 그려 보는 거예요. 한마디로 말하면 '상대의 입장에 서는 일'입니다.

작 가   흥미로운데요. 의자에 '앉음'으로써 상대의 입장에 '선다'는 거죠! 상대의 입장에 선다는 건 말로 하기는 쉽지만 직접 실천하려면 어렵잖아요.

심리학자 입장이 다르면 보이는 세계가 다르니까요. 그래서 실제로 상대와 같은 눈높이에서 봐야 그 사람을 이해할 수 있는 거고요.

작 가   상대의 주관적인 세계로 들어간다는 뜻이군요.

심리학자 열심히 노력하는 사람은 '노력하는 나'의 시선으로 다른 사람을 보면 '저 사람은 왜 노력하지 않는 거지?', '왜 말해도 이해하지 못할까?' 같은 생각이 계속 들죠. 자기 관점에서 바라보는 세계만 생각할 수 있어요.
하지만 상대의 입장에 서 보면, 즉 상대의 의자에 앉으면 '내(상대방) 나름대로는 노력하고 있는데…?'라는 다른 시선이 보이는 거지요. 그러면 "당신 나름대로 노력한 거 알아요" 또는 "나는 몰랐던 일도 해 줬군요"라고 말해 줄 수 있습니다. 그래야 다음 단계로 나아갈 수 있어요. 멈춘 상태에서는 아무것도 진전되지 않죠.

사람의 마음을 움직이는 언어

작가   상대에게 불만이 많은 상태에서 그 사람의 장점을 보
는 건 정말 어려운 일인 것 같아요. 이미 불만이 머리
끝까지 쌓인 상태니까요. 그럼에도 그 사람의 입장에
서서 한 번쯤 돌이켜봐야만 다른 변화를 기대할 수 있
다는 말씀이시죠? 그다음은 상대의 장점을 찾아 '너
의 이런 점이 팀에 도움이 되니까 더 능력을 발휘해
봐'라는 마음을 전하는 것이었어요.

심리학자   그렇습니다. 이때 주의해야 할 점이 있어요. 상대의

장점을 단순히 알려 주는 게 아니라 그 사람 덕분에 모두가 도움을 받았다는 사실을 전하는 거예요.

작가 아하, 이거 중요하네요. 단지 장점이 아니라 모두가 도움 받았다는 사실이요.

심리학자 만약에 "잘하지 못하는 일을 열심히 하고 있어요"라고 말하면 '별로 도움이 되지는 않지만'이라는 뉘앙스가 풍겨 나오거든요. 반면에 "분위기를 밝게 만들려고 애써 줘서 고마워요"라고 말하면 '조금 더 신경 써야지' 하는 마음이 들기 마련이고요.

작가 무슨 말씀인지 알겠어요.

심리학자 그래서 저는 어떤 조직에서든 사람을 생각대로 움직이는 방법을 이렇게 알려 줍니다. 딱 하나 방법이 있어요. 그 사람에게 주변 사람들이 '네가 그 일을 해 주면 정말 도움이 될 거야' 하는 점을 더 표현하는 겁니다. 그러면 사람은 말하는 대로 움직이거든요. 이건 2명이 해 보면 바로 알 수 있어요. "작가님, 당신은 이 점이 문제니까 고쳐야 돼요." (작가를 손가락으로 가리키며) "이 점이 잘못이니까 고치세요." "이 부분이 제대로 안 되었으니 똑바로 해 주세요." 어떠세요? 이런 말, 듣기 좋아요?

작가	기분이 안 좋은데요.
심리학자	자, (웃으면서) "작가님의 그런 점, 정말 도움이 되었어요. 계속 잘 부탁드려요."
작가	이번엔 더 노력해야겠다는 의욕이 생겨요.
심리학자	그런 거예요. 사람을 생각대로 움직이는 비결은, '이 부분 별로니까 고쳐라'가 아니라 '그 부분 도움이 되니까 더 해 줘'인 거죠. 환하게 웃는 얼굴로요. 팀원들의 능력을 발휘시키려면 '그 사람이 이미 하고 있는 일을 더 잘해 주면 팀 전체가 훨씬 더 좋은 성과를 낼 거라는 사실'을 말해 줘야 합니다.
작가	M씨가 그걸 깨달은 거군요.
심리학자	그렇죠. "자네, 이 점이 문제니까 고치는 게 좋겠어"라고 말하면 점점 사람들이 멀어질 거예요. '난 이렇게 잘하고 있는데 왜 너는 노력하지 않는 거야?'라고 비난하는 소리로 느껴질 테니까요. 지적의 바탕에 공감이 없으면 사람들은 더더욱 떠나갑니다. 그러면 점점 더 사람이 싫어지고요. 차라리 자기 혼자 하는 게 낫겠다는 생각이 들겠지요.
	그러지 말고 모두가 열심히 애쓰고 있다는 걸 인정해 줘야 합니다. 그렇지만 다른 구성원들은 솔직히 M씨

만큼 열심히 하지 않는다고 생각되죠. 노력의 양으로 말하면요. 하지만 그들도 '더 인정받을 수 있는 점'에 대한 이야기를 들으면 더 힘을 내고 노력하기 마련입니다.

"웃는 모습이 참 보기 좋아요"라는 말을 들으면 더 웃게 되거든요. "춤을 참 잘 추는군요"라는 말을 계속 들으면 그때까지 별로 노력하지 않았던 사람도 춤에 더 노력을 기울이게 되는 거죠.

나를 먼저 인정해야
남도 인정하게 된다

작가　　상대의 장점을 보는 것도 필요하지만, 선생님께서는
　　　　M씨 자신의 장점도 스스로 깨닫게 하셨죠. 상대방이
　　　　내 마음 같지 않을 때 나의 장점을 돌아보는 것도 중
　　　　요한 요소인가요?

심리학자　타인을 인정하는 게 어려운 사람은 자신을 인정하지
　　　　못하거든요. 자신에게 적용하는 엄격한 잣대를 타인
　　　　에게도 똑같이 적용하니까요. 자신을 인정할 수 있어
　　　　야 비로소 타인도 인정할 수 있습니다.

작 가   그렇군요. 그렇게 해서 자신을 인정하게 된 만큼 다른 팀원을 인정하고, 각자 잘하고 좋아하는 부분에서 실력을 발휘하도록 이끌어 주면서 어떻게 변화할지 머릿속으로 그려보는 방법이네요.

   결국은 팀원들의 마음속에 있는 잘하고 싶고, 인정받고 싶다는 부분을 건드려 주는 것이군요. 누구나 인정 욕구가 있으니까요.

심리학자   네. '저 사람이 나를 믿지 못한다, 못마땅해한다'라는 느낌을 받으면 누구나 부정적인 마음이 생기죠. 그럼 움츠러들거나, 오히려 공격적으로 나가기도 하는데요. 여기서 계속 부딪히면 건널 수 없는 강이 생기고 마는 거죠.

작 가   네. 여기서 핵심은 아까도 말했듯이 내용 자체는 간단한 '결점을 지적하지 말고 그 사람의 장점, 특히 그 사람이 모두에게 도움이 되는 면에 주목하자'라는 것이죠?

심리학자   맞습니다. 그게 바로 단단한 팀워크를 만드는 데 필요한 단 하나의 철칙입니다.

마음속 걸림돌과 동료가 되기

심리학자 지난 장에 이어서 가 볼게요. 제 코칭에서 자주 쓰이는 방법인데요. 두 사람이 협력해 잠재력을 끌어올릴 수 있는 기술입니다. 역시 핵심은 문제시되는 상황과 문제를 해결할 수 있는 열쇠를 시각화하는 거예요. 지금 책을 읽는 분들은 혼자 머릿속으로 상상해 볼 수도 있으니 함께 시작해 보죠.

이번에는 서포트하는 사람이 방해하는 역할을 할 거예요. 꿈을 이루고 싶은 사람은 한 걸음 앞으로 나가고 싶어 합니다. 꿈을 실현하고 싶은 거지요. 이때 서포트하는 사람이 방해하는 역할을 맡아 이를 견제하는 겁니다. 꿈을 이루고자 하는 사람의 팔이나 어깨를 붙잡아 앞으로 가지 못하게 해 보죠.

작 가　팔이나 어깨를 붙잡으면 되나요?

심리학자　그렇게 해도 좋고, 혹은 꿈을 이루고자 하는 사람이 신체의 어느 부위를 붙잡혀 있는지 상상할 수도 있습니다. 발을 붙들고 늘어지는 느낌도 있을 수 있겠죠. 그럼 이번엔 발을 붙잡도록 하죠. 그렇게 하면 이 상태에서 꿈을 이루고 싶은 사람은 앞으로 나아가려고 해 봅시다. 방해하는 역할을 맡은 사람은 앞으로 나아가지 못하도록 붙잡는 거예요.

꿈을 이루려고 하는 사람은 신체의 일부를 붙잡히면 "내가 하는 대로 내버려 둬!", "나 좀 놓으라고!" 등 생각나는 대로 말해 봅시다. 그 밖에도 떠오르는 말이 있으면 마음껏 해도 좋아요. 이 상황을 30초 정도 지속해 볼까요?

앞으로 나아가려는 동작을 저지당하고 "놔 줘!" 하고 소리치는 겁니다. 실제로 신체를 사용해서 목표의 실현을 방해받는 상황을 체감할 수 있는 거죠.

30초가 지나면 서 있는 위치를 교대합니다. 꿈을 이루고 싶은 사람과 방해하는 사람이 자리를 바꿔 서고요. 조금 전까지 방해하는 역할을 맡았던 보조자가 이번에는 앞으로 나아가려고 하는 역할을 하는 겁니다. 꿈을 이루고 싶은 사람은 꿈의 실현을 방해하는 또 하나의 '나'가 된다고 생각하세요.

작가   마음속 걸림돌의 입장에 서 보는 거네요.

심리학자   아까와 똑같이 해 보시죠. 서포트 역할을 맡은 사람은 앞으로 나가려고 하면서 "내가 원하는 대로 내버려둬!", "이것 좀 놓으라고!"라고 외치는 겁니다. 아까 꿈을 이루고 싶어 하는 사람이 한 것과 똑같은 동작, 똑같은 말투로 해 보세요. 꿈을 이루고 싶은 사람은 내면의 또 다른 자신이 되어서 팔과 어깨 또는 그 밖에 다른 신체 부위를 잡아 방해하는 거죠.

방해하면서 이미지를 떠올려 보세요. 꿈의 실현을 방해하는 또 다른 '나'가 훼방을 놓으면서 뭐라고 말하나요?

작가   여기가 흥미로운 부분입니다. 저도 해 봤는데요. "네가 그걸 할 수 있다고? 어림도 없지", "이상이 너무 높아", "실패할까 봐 두려워" 등 마음속에 있던 소리가 저절로 툭 튀어나오더군요.

심리학자 그렇습니다. 또 한 사람의 자신이 내는 목소리, 즉 스스로 마음속에서 걸어놓았던 제동 장치를 여기서 찾아내는 거예요.

작 가 자신의 마음속에 있는 걸림돌이 시각화되는 거군요.

심리학자 네. 하지만 앞에서도 언급했듯이, 사람의 마음속에 갈등은 없다고 아들러가 말했죠. 즉 자기 내면의 어떤 부분이 목표의 실현을 방해하고 있다고 생각할지도 모르지만, 사실은 협력하고 있는 거예요.

예를 들어 마음속 걸림돌이 목표를 이루려는 나에게 '피할 수 없는 이 문제는 어떻게 해결할 거야?'와 같은 질문을 건넨다고 가정해 보죠. 마음속에서 이런 의문이 든다면 언뜻 방해되는 생각이라고 여기기 쉽지만, 반드시 짚고 넘어가야 할 문제이기도 하지요.

작 가 그렇군요.

심리학자 그럼 이제 다음 단계로 넘어가 보시죠. 이번에는 마음의 걸림돌과 손을 잡고 협력해 봅니다. 실제로 두 사람이 팔짱을 껴 보는 거예요. 그리고 두 사람이 함께 앞으로 나갑니다. 꿈을 실현합니다. 원래 자리로 되돌아옵니다. 여러 번 앞으로 나갔다가 제자리로 되돌아오기를 반복하세요.

앞으로 나갈 때 팔짱을 끼고 있는 또 다른 '나'에게 뭐라고 말하면 '마음속 걸림돌과 함께 앞으로 나가고 싶다'는 생각이 들까요?

작가　저는 '무슨 일이 있어도 잘 해내고 싶어!'라는 생각이 들었어요.

심리학자　좋은데요? 말을 머릿속으로 떠올렸다면 원래의 위치로 돌아옵니다. 꿈을 이루고 싶은 사람은 원래 자신의 역할을 합니다. 서포트하는 사람은 조금 전까지 방해하던 역할을 다시 맡습니다. 또 한 번 팔짱을 끼고 함께 앞으로 나갑시다. 꿈을 이루고 싶은 사람은 아까 이미지로 떠올린 말, '이 말을 들으면 힘이 난다'라는 생각이 드는 말을 소리 내어 말해 보세요. "무슨 일이 있어도 잘 해내고 싶어!"라고 말하면서 두 사람이 함께 앞으로 나갑니다.

마음속에 있던 걸림돌과 손을 잡고 함께 꿈을 실현하는 겁니다. 이것을 신체와 감정을 사용해 이미지로 떠올리는 거지요. 여러 차례 반복하면서 감정이 충분히 느껴지면 마무리합니다.

작가　신체를 사용해서 감정을 움직이고 마음의 제동 장치를 시각화하는 훈련인데요. 간단한 연습이지만 중요한 본질이 들어 있네요.

심리학자 그렇습니다. 도전해 보셨으면 합니다. 한번 해 보고 나서 그다음에는 꿈을 이루고 싶은 사람과 서포트 역할을 교대하는 방법도 좋습니다.

5장

원래 부정적인
사람은 없다

걱정 없는 인생을 바라지 말고
걱정에 물들지 않는 연습을 하라.

—알랭 드 보통

자기도 모르게 무기력해지는
K씨 이야기

내담자 K씨는 주어진 일에 늘 열심인 회사원이다.

그는 밖에서 사람을 대할 때는 밝게 행동하지만 혼자 있을 때는 자신감이 급격히 떨어진다. 무슨 일이든지 할 수 없을 것만 같고, 그런 생각이 꼬리에 꼬리를 물고 이어지면서 자존감이 바닥을 친다. 한때는 우울함을 물리치기 위해 틈만 나면 약속을 잡고 밖으로 나갔지만 최근 그것이 근본적 해결책이 아니라는 사실을 깨달았다. 시간이 지나도 익숙해지지 않는 공허함에 끝없이 무기력해져서 고민이다.

내면의 목소리를 듣다

심리학자	이야기를 시작해 볼게요. K씨가 가장 무기력해질 때는 언제인가요?
K	혼자 있을 때입니다.
심리학자	예를 들면 어떤 상황에서요?
K	집에 있을 때요. 혼자 있으면 갑자기 공허해져요.
심리학자	자, 그럼 그때의 상황을 떠올려 볼까요? 혼자 있을 때, 어떤 기분이 드는지 잘 생각해 보세요.
K	(깊이 생각한다.) '잘할 수 있을까?'라는 생각이 들어요.
심리학자	뭘 '잘할 수 있을까?' 하고요?
K	해야 하는 일들을 잘 해낼 수 있을지 하고요.
심리학자	'목표를 이룰 수 있을까?'로군요.
심리학자	자, 그럼 지금부터 몸을 좀 움직일게요. 오른쪽이나 왼쪽, 어느 한쪽으로 이동해 보세요.
K	(오른쪽으로 이동한다.)
심리학자	(옆에 서서) 지금 누군가와 함께 있을 때라고 생각하세요. 이때도 '잘할 수 있을까?' 하는 생각이 드나요?
K	다른 사람과 있을 때는 그런 생각이 안 들어요.

심리학자	낮은 자존감은요?
K	딱히 그런 고민은 안 들어요.
심리학자	그렇군요. 그럼 떠올려 보세요. 누군가와 있을 때는 어떤 마음이 들어요?
K	뭐…. '잘할 수 있겠지.' 그런 생각이요.
심리학자	자, 눈을 감으세요.
K	(눈을 감는다.)
심리학자	주위에 사람이 있다고 생각하고. "잘할 수 있을 거야" 하고 말해 보세요.
K	잘할 수 있을 거야.
심리학자	한 번 더, "잘할 수 있을 거야."
K	잘할 수 있을 거야.
심리학자	이번에는 왼쪽으로 움직여 보시죠. 혼자가 되었습니다. 마음의 목소리는 뭐라고 하나요?
K	…. 괜찮을까?
심리학자	한 번 더요. "괜찮을까?"
K	괜찮을까?

한 발짝 떨어져서 바라보기

심리학자   이번에는 작가님, 잠시 도와주시겠어요? 작가님이 K
씨 역할을 하는 겁니다.

작 가   네. (K씨가 서 있던 위치로 와서 대신 선다.)

심리학자   자, K씨. 작가님이 이제 K씨 역할을 할 거예요. 작가
님의 뒤쪽에 서 보세요. '잘할 수 있을까?'라든가 '괜
찮을까?'라고 속삭이는 목소리가 평소 어느 쪽에서
들려오는 것 같나요?

K   (작가의 목덜미 뒤쪽 부근을 가리키며) 이쪽입니다.

심리학자   작가님, K씨의 마음속 말들을 소리 내어 말씀해 보
세요.

작 가   잘할 수 있을까? 괜찮을까? 잘할 수 있을까?

심리학자   그럼 작가님, K씨와 자리를 바꾸고 K씨의 뒤쪽에서
속삭여 보세요.

작 가   (K씨의 목덜미 뒤에서 속삭인다.) 잘할 수 있을까? 괜찮
을까? 잘할 수 있을까?

심리학자   뒤에서 속삭이는 이 목소리를 듣고 뭐라고 말하고 싶
어요?

K	하고 싶은 말이요?
심리학자	네. "할 수 있어!"도 좋고 "도저히 못 하겠어"도 좋아요. "괜찮아!"라고 말해도 되고요. 솔직히 말하면 됩니다. 작가님이 다시 한번 뒤쪽에서 속삭여 주세요.
작 가	잘할 수 있을까?
K	으음…. 잘할 수 있을까?
심리학자	두 사람이 같은 말을 하네요. 그럼 둘이서 번갈아가며 말해 보세요.
작 가	잘할 수 있을까?
K	잘할 수 있을까?
작 가	잘할 수 있으려나?
K	잘할 수 있으려나?
심리학자	점점 더 큰 목소리로.
작 가	잘할 수 있으려나?
K	잘할 수 있으려나?
심리학자	좋아요. 자, 잠시 기지개를 크게 켜시고요.
K	(두 팔을 뻗고 몸을 쫙 편다.)
심리학자	이번에는 K씨가 옆에 잠깐 비켜날 겁니다. K씨의 역

할을 어시스턴트가 하고, 뒤에서 속삭이는 또 한 사람
의 K씨를 작가님이 맡아 주세요.

여기에 '두 사람의' K씨가 있습니다. K씨는 집에 혼자
있을 때 이런 행동을 합니다. 한번 보실까요?

작가   잘할 수 있을까?

어시스턴트   잘할 수 있을까?

작가   잘할 수 있으려나?

어시스턴트   잘할 수 있으려나…?

작가   잘할 수 있을까?

어시스턴트   잘할 수 있을까…?

심리학자   네, 좋아요. K씨, 어떤 것 같아요?

K   심각하네요, 하하.

심리학자   이 뒤에 있는 사람은 악의가 있어서 속삭이는 걸까
           요? 아니면 '이렇게 하면 더 좋을 텐데' 하는 마음으
           로 격려하는 걸까요?

K   격려 쪽이에요. '왜 그래, 너 할 수 있잖아!' 같은 마음
           이에요.

심리학자   좋아요. 그럼 직접 그렇게 말해 볼까요?

사실은 이런 말이 듣고 싶었다

K	할 수 있잖아! 어서 움직여!
심리학자	이번에는 작가님이 K씨에게 말해 보세요.
작가	할 수 있잖아!
심리학자	이 목소리에 K씨가 대답해 보세요.
K	음….
작가	지금 움직여!
K	할 수 있을까?
작가	일단 더 해 보라고!
K	하지만….
심리학자	하지만?
K	실패하면 어떡하지?
심리학자	좋아요. 방금 K씨의 모습을 한 번 더 옆에서 보시죠.
작가	할 수 있잖아!
어시스턴트	음….
작가	지금 움직이라고!
어시스턴트	할 수 있을까?
작가	일단 해 봐!

어시스턴트 실패하면 어떡하지?

심리학자 K씨, 이 사람 어떻게 보여요?

K 큰일이군요. 답답하네요.

심리학자 자, 이런 식으로 하면 움직일 수 있을 거 같아요? "더 움직여!"라는 말을 계속 듣는다면요?

K 음…. 아무것도 못 할 것 같아요.

심리학자 그렇죠? 아까 K씨의 뒤에 있던 사람한테 어떤 말을 듣고 싶어요?

K "열심히 하고 있구나" 같은 말이요. 아, "잘한다"라는 말을 듣고 싶어요.

심리학자 어떤 면에서 "잘한다"라는 말을 듣고 싶어요?

K 남의 시선에 너무 신경 쓰는 걸지도 모르지만, 저는 다른 사람에게 제가 하는 일에 대해 "잘한다"라는 말을 듣고 싶어요.

심리학자 작가님, 이쪽으로 오시죠. K씨에게 "잘한다"라고 말해 보세요.

작 가 잘하시네요.

K (웃는다.)

작 가 대단해요. 진짜 잘하시네요.

심리학자	이런 말을 들을 때와 아까와 같은 말을 들었을 때, 어느 쪽이 더 의욕이 생기던가요?
K	이쪽이요.
심리학자	알겠습니다. 그럼, 이번에는 혼자 있을 때 앞에 거울이 있다고 생각해 보세요. 거울에 비친 자신에게 "너 잘하는데!", "대단해!" 하고 100번 정도 말해 보세요.
K	네? (쑥스러워한다.) 너…. 대단하다.
심리학자	어떤 점이 대단한지 말해 주세요.
K	어떤 점이 대단한지? 으음….
심리학자	'이거 참 잘했네'라든가. 가능하면 구체적으로요.
K	어떤 점이 대단하냐고요? (고민한다.)
심리학자	실제로 최근 일주일을 돌아보고 정말로 자신이 잘했다고 생각하는 일을 떠올려 보세요.
K	다른 사람들을 즐겁게 했어요.
심리학자	네, 좋아요.
K	지금까지 나름 열심히 해온 것 같아요.
심리학자	그리고 또?
K	그리고…. 잘 생각이 안 나요.

과거의 터널을 향해서

심리학자   자, 조금만 더 생각해 보시죠. 열 걸음이나 스무 걸음
          만 뒤로 물러나 보세요.

K   (스무 걸음 정도 뒤로 물러난다.)

심리학자   지금부터는 웃으면 안 됩니다. 매우 진지한 영역으로
          들어갈 거니까요. 떠올려 보세요. 초등학교 5학년쯤
          이라든지. 아버지가 무서웠다거나, 아버지가 의지할
          만하지 못했던 그런 기억도 괜찮아요. 혹은 어머니의
          안색을 자주 살피면서 '엄마가 정말 기뻐하시는 건
          가?', '나 또 잘못한 건 아닐까?', '엄마를 행복하게 해
          드리지 못한 건 아닐까?' 이런 생각을 하지는 않았는
          지요?

K   아버지가 무서웠어요.

심리학자   네.

K   거의 집에 들어오지 않았지만, 들어오는 날은 집안이
          군대 같은 분위기가 되곤 했거든요. 하지만 아버지는
          재미있는 면도 있었어요.

심리학자   (끄덕이며) 자, 이 장소(과거)를 기억해 두세요. 아버지
          는 집에 잘 들어오지 않았다. 가끔 집에 오면 군대에

있는 것처럼 엄하게 대하셨다. 하지만 재미있기도 하다. 대부분의 아버지와 어머니는 100퍼센트 나쁜 부모도 아니고 100퍼센트 좋은 부모도 아니죠.

K 맞아요.

터널 밖으로 나가기

심리학자 다시 현재로 돌아오겠습니다. 혼자 있는 장면을 떠올려 보세요. 가장 처음 생각나는 말은 뭘까요?

K 잘할 수 있을까?

심리학자 자, '잘할 수 있을까?'라고 말하면서 천천히 뒤로 물러나 보시죠. 어렸을 때의 기억을 더듬어 볼게요.

K 잘할 수 있을까? 잘할 수 있을까? (뒤로 물러나면서 과거의 기억을 떠올린다.)

심리학자 그럼 떠오르는 과거의 기억 중에서 아버지나 어머니 앞에서 현재와 같은 기분이 든 적이 있나요?

K (잠시 생각하다가) 앗! 네, 있어요.

심리학자 어떤 장면이죠?

K 그게…. 잠시만요.

심리학자	네.
K	초등학생 때 운동신경이 좋아서 스포츠 쪽으로 부모님과 학교의 기대를 많이 받았어요. 그런데 전국대회에 나가지 못했어요.
심리학자	전국대회에 나가지 못했군요.
K	그 무렵에 '잘할 수 있을까?', '해낼 수 있을까?' 이런 생각을 많이 했어요.
심리학자	그때 '잘할 수 있을까?', '해낼 수 있을까?' 하던 게 습관이 되어서 지금도 혼자 있게 되면 자동으로, 또 반사적으로 그 말이 나온 것일지도 몰라요.
K	(고개를 끄덕인다.)
심리학자	그렇다면 아버지나 어머니에게 문제가 있었다기보다 자신이 주변의 기대에 부응하지 못했다는 사실이 괴로웠던 거네요.
K	그렇습니다.
심리학자	이제 두세 걸음 앞으로 나오세요. 몸을 쭉 펴시고요. (기지개를 켠다.)
K	(함께 기지개를 켠다.)

알 수 없는 것과 알 수 있는 것의 차이

심리학자   지금까지 있었던 일을 되돌아보면 어떤가요? 혹시 부
하 직원이든 후배이든 누군가 침울해하고 있을 때 격
려해 준 적이 있어요?

K   네.

심리학자   그때의 자신을 생각해 보세요. 시합에서 졌다거나 일
에서 좋은 성과를 내지 못한 사람을 곁에서 격려해 주
고 고맙다는 인사를 받았던 경험을 떠올리는 겁니다.

K   네. (기억을 떠올린다.)

심리학자   자, 휙 하고 뒤를 돌아보시죠. 그 사람에게 무슨 말을
하고 싶은가요?

K   "이번에는 원하는 목표를 이루지 못했지만 다음엔 꼭
좋은 결과가 나올 거야"라고 말해 주고 싶어요.

심리학자   옆으로 가서 어깨를 두드려 주면서 말해 보세요.

K   (보이지 않는 상대의 어깨에 손을 올리고) 이번에는 원하
는 목표를 이루지 못했지만 지금까지 들인 노력은 언
젠가 반드시 결실을 맺을 거야.

심리학자   네, 좋아요. 이번에는 조금 더 분명하게 마음을 담아
서 격려해 볼까요?

K	이번에는 원하는 목표를 이루지 못했지만 지금까지의 노력은 반드시 미래로 이어질 거야.
심리학자	그랬더니 상대가 뭐라고 하나요?
K	고개를 끄덕거리기만 하고 별다른 말은 없어요.
심리학자	자, 잠시 그의 입장에 서 봅시다. 이 말을 듣고 어떤 생각이 드나요? (K씨의 어깨를 두드리면서) "이번에는 원하는 목표를 이루지 못했지만 너의 노력이 반드시 열매를 맺는 날이 올 거야!"
K	마음이 개운해졌어요.
심리학자	지금 현재 혼자가 된 당신이 저쪽에 있습니다. 어떤 말을 해 주고 싶은가요?
K	…."할 수 있는 만큼 마음껏 해 봐." 이렇게요.
심리학자	자, 현재로 가시죠. 여기에 있는 그에게 "할 수 있는 만큼 마음껏 해 봐"라고 말해 주세요. 혼자가 되었을 때는 반드시 "할 수 있는 만큼 마음껏 해 봐"라고 말해 주는 겁니다. 말해 보세요.
K	할 수 있는 만큼 마음껏 해 봐. 노력은 지금 당장 결과가 나오지 않을지도 모르지만 언젠가 반드시 결실을 맺기 마련이니까 일단 해 보자.
심리학자	그런 말을 들으면 기분이 어떨 것 같아요?

K	마음이 무척 홀가분해질 것 같아요.
심리학자	좋습니다.

심리학자	(잠시 기다린다.) 이렇게 해 본 소감은 어떠세요?
K	과거로 돌아갔을 때, 기대에 부응하지 못했던 죄책감이 아직도 이렇게 남아 있다는 걸 처음 알았어요. 좀 울컥했습니다.
심리학자	선배나 상사는 K씨에게 "기대할게"라고 말하지요. 어릴 때 무슨 일이 있었는지 모르니까요. 그런데 "기대할게"라는 말을 들으면 들을수록 K씨의 내면에서는 '기대를 만족시켜주지 못했다'는 의식이 나오는 거예요. 말하는 사람은 악의가 없는데 말이죠. 그들은 K씨에게 그런 과거가 있었다는 사실을 모르니까 순수하게 진심으로 말하는 거예요.
K	네.
심리학자	그래서 "기대할게"라고 말하는 사람이 나쁜 게 아니라, K씨 자신이 그런 자신이라도 괜찮다고 스스로 인정해 줘야 합니다. '정말 애썼어!' 하고 확실하게 인정해 주세요.
K	네, 앞으로는 그렇게 할게요. 생각해 보니 지금껏 칭

찬을 받아도 한편으로는 그렇게 기쁘지 않았던 것 같아요. 다음엔 더 잘해야 한다는 부담이 있으니까요. 그런데 제가 다른 후배에게 응원을 해 주고 싶었던 것처럼, 저도 기대를 받으면 부담을 느끼기보다 그 사람의 믿음을 바탕으로 도전해야겠어요. 결과는 잘 모르더라도요.

심리학자   그 결과는 K씨도 모르고, 상대도 모르고, 아무도 모르겠죠. 확실하게 알 수 있는 건 지금 나아가기 위해 행동하고 있다는 사실이고요.

K   네, 맞아요.

의욕을 북돋울수록
자신감이 떨어지는 사람

작가   아, 굉장했습니다. K씨가 과거를 떠올리며 깨달은 순
간 말이에요. 이번에는 현재의 문제를 해결하기 위해
서 과거에 있었던 일로 거슬러 올라갔어요. 이전까지
는 코칭이었지만 이번에는 카운슬링 영역으로 들어간
거 아닌가요?

심리학자   그렇습니다. 마이너스에서 제로로 만드는 것이 카운
슬링이고 제로에서 플러스로 만드는 것이 코칭이지
요. 다른 말로 하면, 더욱 플러스 쪽을 향해 좋은 습관

과 행동 양상을 익히기 위해 잠재력을 끌어내는 것이 코칭이고, 마이너스 쪽인 나쁜 습관과 패턴에서 빠져 나오기 위해 그 힘을 끌어내는 것이 카운슬링입니다. 달리 표현하면 "어떻게 되면 좋겠어?"라고 질문을 던져 "이렇게 되고 싶습니다" 하는 대답을 이끌어내고, "좋습니다, 좋아요" 하고 고무시켜서 목표를 달성하게 하는 것이 바로 코칭입니다. 이전까지 해온 것은 잠재력을 이끌어내는 기술을 코칭 식으로 실행한 방법이에요.

그런데 "좋습니다, 좋아요" 하고 의욕을 북돋우려 할수록 오히려 자신감이 떨어지는 사람이 있어요. "역시 전 안 되나 봐요" 하는 쪽으로 가는 거죠. "그렇지 않아요. 힘내 봅시다"라고 용기를 주려 해도 오히려 더 처집니다. 그런 행동 양상에 길들어져 있는 건데요. 이럴 때 카운슬링이 필요합니다.

가끔은 타인의 시선에서 보기

작 가   현재 나쁜 습관이 있거나 부정적인 사고 성향에 빠져
        있다고 해도 그 문제가 꼭 지금 일어난 문제인 것만은
        아니군요. 과거에 원인이 있을 수도 있고요.

심리학자   그렇습니다.

작 가   그럼 어디 한번, 처음부터 되짚어 볼까요?
        K씨는 자존감을 높이고 싶다는 고민이 있었죠. 더 자
        신감을 가지고 앞으로 나아가고 싶은데 마음처럼 되
        지 않는 거예요. 그래서 어떤 때 자존감을 높이고 싶

은지 구체적으로 재현하게 하는 데서 시작했습니다. 뒤쪽에서 또 다른 자신이 "잘할 수 있을까?" 하고 속삭이게 하는 방법으로요.

심리학자   네. 평소에 하고 있는 행동을 생생하게 임장감으로 재현한 거죠. 더구나 혼자 있을 때와 누군가와 함께 있을 때의 차이를 재현하게 하고, 작가님의 도움을 받아 혼자 있을 때 자신이 어떤 행동을 하는지를 K씨 자신이 조금 떨어져서 보게 한 것입니다.

작 가   K씨는 조금 거리를 두고 떨어져서 지켜보더니 스스로 "심각한데요!" 하고 느꼈어요.

심리학자   맞아요. 자존감이 낮은 사람, 도저히 앞으로 나아갈 수 없는 사람이라도 약간 거리를 두고 떨어져서 자신을 들여다보면 단지 신경을 너무 많이 써서 그런 경우도 많습니다. 그런 사람은 '내가 예민했나 봐' 하고 깨닫기만 해도 문제가 해결되기도 하지요. 또 한 가지, K씨의 경우는 스스로 다그쳐서 더 움직이려고 했어요. 하지만 역효과였던 거죠.

작 가   또 다른 자신이 뒤에서 "더 움직여 봐!" 하고 재촉했는데, 소용이 없었어요.

심리학자   뒤에 있는 또 다른 '나'는 더 적극적으로 움직이게 하려고 자신을 다그쳤는데요. 그건 자동차가 속력이 나지 않는다고 쇠망치로 팡팡 두드리는 것과 똑같아요. 오히려 속도가 떨어집니다. 그럴 때는 망치로 두드릴 게 아니라 자신이 한 결과를 인정해 주면 오히려 해결되는 경우가 있습니다.

작 가   그 방법도 쓰셨지요? 최근 일주일을 돌아보고 잘한 일을 떠올려서 거울 속의 자신에게 "잘했어!", "대단해!" 하고 칭찬해 준 일이요.

심리학자   그렇지만 솔직히 말해서, K씨는 자신을 대단하다고 생각하지는 못했잖아요? 자신을 진심으로 인정하고 있지 못한 겁니다. 그렇다면 과거에 문제가 있어요. 어릴 때로 잠시 돌아가 볼 필요가 있지요.

나의 두려움에 손을 내밀 것

작가   우리는 태어나서부터 만 열 살 전후까지 일어난 일에 큰 영향을 받는다고 하죠. K씨의 경우도 분명 초등학생 때의 기억이었어요. 그때 느낀 감정과 체험이 나중까지 오래도록 남았어요. 그 후 인생을 살아가면서 비슷한 상황이 벌어졌을 때 그 감정이 되살아나는 것이죠.

눈앞에 있는 사람이 손을 치켜들면 순간적으로 대부분 손을 들어 얼굴을 막지 않습니까? 자칫하면 얻어

맞겠다 싶어서요. 하지만 아기는 눈앞에서 누가 손을 치켜들어도 방어하지 않습니다. 맞아 본 기억이 없기 때문이에요. 어른이 되면 눈앞에 있는 사람이 손을 올렸을 때 바로 얼굴을 가리며 방어하게 되는데, 과거에 맞았던 기억이 상기되기 때문이에요.

K씨의 경우는 어른이 된 지금까지도 초등학생 때 경험으로 생긴 상처가 수없이 장면을 바꿔가면서 나타났어요. 그것을 오늘 인지하게 되었고 비로소 내려놓을 수 있었죠.

심리학자　맞아요. 정확합니다.

작　가　저도 경험이 있는데, 안 좋은 기억을 한 번 제대로 떨쳐버리면 다시는 나오지 않아요. 대단하지요. 하지만 스스로 해내기는 어려워요. K씨도 그랬지만 오래된 상처로 남아 있는 기억은 평소에 떠오르지 않는 경우가 많거든요. 심층 의식 단계에 자리하고 있어서 평소에는 인식할 수 없는 영역이니까요. 그것을 지금 몸을 움직여 임장감을 높여서 어느 순간 '앗!' 하고 깨달은 거네요.

심리학자　그렇습니다. K씨의 경우는 자신이 깨닫게 되면서 고민이 해결되었어요. 다만, 경우에 따라서는 더 뿌리가

깊을 수도 있어요. '아, 그게 원인인가?' 하고 느낀 정
도로는 문제가 해결되지 않습니다.

작가　　　그럴 때는 어떻게 하죠?

심리학자　그런 경우는 과거의 기억을 덮고 있던 뚜껑을 활짝 열
어, 그때 느꼈던 부정적인 감정을 전부 꺼내는 겁니
다. 분노라든가 슬픔, 분함 같은 감정을 정동(情動-일
시적으로 급격히 일어나는 강렬한 감정 상태-역주) 단계의
카운슬링이라고 해요. 가장 깊은 단계의 카운슬링입
니다.

한편 지금처럼 '앗!' 하고 깨달으면 해결되는 것은 인
지 단계의 카운슬링이라고 하지요. 그리고 지금까지
는 혼자가 되었을 때 자신을 다그쳤지만 앞으로는 거
울 속의 자신에게 "잘했어!" 하고 말해 주는 겁니다.

단지 행동을 바꾸면 해결되는 경우도 있어요. 이것은
행동 단계의 카운슬링입니다. 즉 행동 단계 → 인지
단계 → 정동 단계의 순서로 상담이 깊어집니다.

작가　　　깊은 단계의 카운슬링은 역시 어렵군요.

심리학자　그렇습니다. 어려워요. 카운슬링이란 두려운 영역이
기도 해요. 아무래도 과거의 괴로운 기억을 끌어내야
하니까요.

저도 카운슬링을 하는 동안 끔찍한 이야기를 무척 많이 들었어요. 내담자는 혼자서 과거의 괴로운 기억으로 들어가길 두려워합니다. 지금까지 '내담자 앞에서 방관자가 아니라 당사자가 됩시다', '내담자와 같은 눈높이로'라며 강조했는데요. 카운슬링에서는 이 부분이 한층 더 중요합니다.

작가   어둡고 깊은 바다로 들어가는 건 무섭기 마련이지요. 그래서 함께해 주는 거고요.

심리학자   정말 그래요. 카운슬링은 가장 깊은 곳으로 들어가 바닥에 발을 디뎠다가 다시 떠오르는 일입니다. 그때 만약 상담자의 '바닥'이 2미터인데 자신은 1.5미터밖에 들어가지 못한다면 따라갈 수가 없어요. 함께 들어가면 좋겠지만 돌아오지 못할 수도 있습니다. 함께 빠져버리는 경우도 있고요.

작가   카운슬링에는 그런 위험성도 도사리고 있군요.

심리학자   그래서 카운슬링 영역에서는 전문가에게 맡기는 것이 좋은 경우도 많다는 사실을 잊지 말아야 해요. '난 너무 예민해'라든가 '저는 혼자 있을 때 자신을 다그치는 말을 하는군요' 하고 깨달아서 해결되는 경우라면 괜찮습니다. 하지만 '여기서 상대의 괴로운 과거 경험으로 더 들어가야 한다'고 판단이 되면 그 이상은 혼자 깊이 들어가지 말고 전문가와 상담하도록 추천하는 것이 안전합니다.

작가 그건 꼭 기억해야겠어요. 그 단계가 되면 이미 하루아침에 어찌할 수 있는 일이 아닌 거네요. 선생님은 어떤 훈련을 통해 깊은 단계의 카운슬링까지 가능하게 되신 건가요? 상담자의 깊고 부정적인 '바닥'까지 함께 따라가고, 게다가 확실히 돌아오시잖아요.

심리학자 카운슬링을 하는 동안 괴로운 경험을 많이 듣고 함께 눈물을 흘렸던 것이 제게도 트레이닝이 되었습니다. 그런 과정을 겪으며 제 자신이 얼마나 부정적이고 깊은 바닷속까지 들어갈 수 있는지, 그 역량을 키워왔어요. 그래서 크게 좌절해 본 사람이나 심각하게 고민한 경험이 있는 사람은 그만큼 깊은 고민으로 괴로워하는 사람을 도울 수 있는 거지요.

작가 그렇군요. 그러면 지금 자신이 고민하고 괴로워하는 일이 장래에 고민으로 힘들어하는 사람을 돕기 위한 수업이 될 수도 있겠군요. 그렇게 생각하면 자신의 고민이나 괴로움을 인식하고 대처하는 방법도 달라질 수 있겠네요.

심리학자 그렇습니다. 지금의 고통을 견디면 나중엔 자기뿐만 아니라 남에게도 선한 영향을 줄 수 있죠. 하지만 상대의 고민이 심각한 상태라고 생각되면 절대로 무리하지 말아야 해요. 함께 소용돌이에 빨려 들어가면 위험하니까요. 그것만은 잊지 마세요.

나를 지켜주는
단 한 사람 만나기

심리학자　모처럼의 기회이니 여기서 여러분과도 카운슬링 시간
　　　　　을 가져 볼까요?

작 가　선생님, 누구에게 말하고 계신 건가요?

심리학자　여러분입니다.

작 가　여러분이라니요?

심리학자　이 책을 읽고 있는 여러분, 당신입니다.

작 가　독자 여러분 말씀이군요.

심리학자　그렇습니다. 한번 떠올려 보세요. 당신의 과거를 되돌

아보고 하지 못한 일이나 성공하지 못한 일을요. '열심히 노력했는데도 좋은 결과를 얻지 못했다. 실패했다. 받아들일 수 없었다. 기대에 부응하지 못했다.' 여러 가지가 있을 겁니다. 그때로 거슬러 올라가서 가능하면 그때와 같은 표정, 같은 자세를 취해 보세요. 고개를 푹 숙인다거나 머리를 감싸거나 다양한 모습이겠지요. 그리고 느껴 보는 겁니다. 그때는 잘 깨닫지 못했지만 얼마나 슬펐는지, 또는 얼마나 분했는지를 느껴 보세요.

'열심히 했는데도 왜 이런 결과가 나온 거지?'
'노력하고 있는데 대체 왜 알아주지 않는 거야?'
'내가 애쓰고 있다는 걸 좀 인정해 줘.'
'왜 아무도 나를 이해해 주지 않아?'
'죽기 살기로 하는데 왜 이 모양일까?'

충분히 느껴 보세요.
느껴졌다면 숨을 내쉬면서 동시에 몸을 쫙 펴고 "아!" 하고 소리를 냅니다. 자, 그때 일어나 보세요. 지금까지 당신이 앉아 있던 자리를 돌아보세요. 축 늘어져 앉아 있는 당신이 있습니다.

당신은 누군가를 도운 적이 있어요. 고민을 들어준 경험이 있습니다. 당신의 여러 모습 중 가장 크게 '다른 사람을 도와준 자신'이 되어 보세요. 그런 자신의 표정과 자세를 취해 보세요. 당신에게는 여유도 있고 자신감도 있습니다. 연민도 있고 다른 사람의 마음을 잘 헤아릴 줄도 압니다.

그런 자신이 되어, 앞에 있는 축 늘어진 '나'의 어깨를 두드리고 안아 주면서 "괜찮아", "애썼어" 하고 말해 줍시다. 자, 말을 건네 보세요.

"정말 애썼어."

"누구보다 열심히 해온 너의 모습을 지켜보고 있어."

"너를 지켜줄게."

말해 줬다면 다시 한번 그 자리에 웅크리고 앉아 보세요. 그리고 뒤에서 계속 지켜봤던, 방금 응원의 말을 건네준 또 다른 자신을 떠올려 보세요. 누구보다도 자신을 잘 알아주고 믿는 사람입니다. 그에게 손을 내미세요. 감각이 느껴진다면 천천히 호흡하고 몸을 쭉 펴세요.

자, 끝났습니다. 고생 많으셨습니다.

작가　　어떨까요, 이 책을 읽고 있는 독자 분들은 자신의 뒤에서 항상 지켜주고 있는 사람을 느꼈을까요? 만약 잘 되지 않았다면 다시 한번 처음부터 시도하면 됩니다. 과거를 되돌아보고 잘 풀리지 않았던 일, 슬펐던 일, 후회되는 일을 떠올려 보는 데서부터요.

심리학자　네, 반드시 먼저 자신을 받아들이길 바랍니다. 자신을 받아들이면 타인도 받아들일 수 있게 됩니다. 그것이 자신과 다른 사람의 가능성을 밖으로 이끌어내는 힘이 되는 거니까요.

작가　　특히 다른 사람의 능력을 이끌어내고 싶고, 그러기 위해 코칭과 카운슬링을 배우고자 하는 분들은 분명히 지금까지 남들보다 배의 노력을 해왔을 겁니다. 그런 사람이야말로 우선은 자신을 안아 주세요.

6장

스스로 해결책을 찾는
라이프 차트

너 자신을 알라.

—소크라테스

라이프 차트로
인생을 들여다보다

초심자에게도 유용한 도구, 라이프 차트

작 가 　선생님. 지금까지 다양한 사례를 보면서 잠재력을 이끌어내기 위해 무엇을 해야 하는지 설명을 들었습니다. 마지막으로 한 가지 더, '라이프 차트'라는 도구 사용법을 가르쳐 주실 텐데요. 이건 지금까지 배운 내용의 심화편인가요?

심리학자 　네. 라이프 차트는 무척 쉽게 할 수도 있고 고도의 테

크닉으로 할 수도 있습니다.

작가   네? 자세히 설명해 주세요.

심리학자   그저 대답하기만 해도 일단은 답을 낼 수 있다는 의미에서는 초심자용입니다. 하지만 지금까지 배운 내용, 즉 몸을 사용해 감정을 움직이기, 생생한 임장감으로 이미지 떠올리기를 활용해서 대답을 이끌어내면, 나오는 답의 깊이가 전혀 다른 차원이 될 수 있어요.

작가   전혀 다른 차원! 기대가 되는데요.

심리학자   바로 시작해 봅시다. 마지막에 따로 해설 시간도 마련했지만 도중에 조금씩 설명을 섞어가면서 진행할게요. 라이프 차트를 사용해서 인생 전체를 되돌아볼 건데요. 인생에도 다양한 영역이 있잖아요? 일도 있고 인간관계도 있고요. 또 인간관계에는 가족과의 관계도, 친구와의 관계도 있지요. 돈이나 건강도 마찬가지고요. 이런 다양한 영역을 라이프 차트에서는 여덟 가지로 분류합니다.

이 여덟 가지 영역에 관해 각각의 만족도를 10점 만점으로 하고, 1칸당 1점을 매겨서 색칠해 주세요. 완전히 만족한다면 10점, 전혀 만족스럽지 않다면 0점으로요.

라이프 차트

자신의 인생을 다음 여덟 가지 영역에서 들여다보고, 현재의 만족도를 0에서 10까지의 숫자로 매겨 색칠하세요(1칸당 1점).

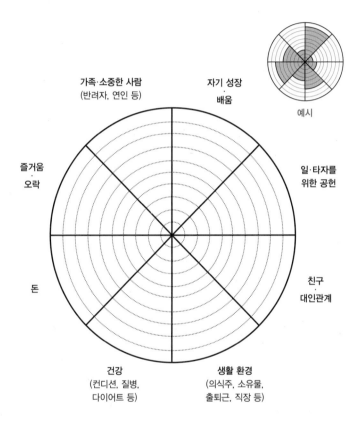

예시

가족·소중한 사람
(반려자, 연인 등)

자기 성장
·
배움

즐거움
·
오락

일·타자를
위한 공헌

돈

친구
·
대인관계

건강
(컨디션, 질병,
다이어트 등)

생활 환경
(의식주, 소유물,
출퇴근, 직장 등)

작 가	이 표에 칠하면 되는 거죠?
심리학자	주관적으로 판단해 주세요. 남들이 보기에는 큰 부자라도 본인은 전혀 만족하지 못하는 사람도 있고, 급여가 적어 보이는데도 본인은 전혀 불만이 없을 수도 있으니까요. 어디까지나 100퍼센트 주관으로 적는 겁니다!
작 가	네. 뭔가 공개 처형 같은데요? 제 인생이 전부 드러나겠어요, 하하. (잠시 후) 다 썼습니다.
심리학자	자, 전체를 보고 뭔가 깨달은 점이 있나요?
작 가	아! 인간관계로 고민하고 있다는 걸 알겠어요.
심리학자	뭐, 고민하고 있는지 아닌지는 아직 모릅니다. 다른 항목의 점수도 꽤 높아서요.
작 가	이렇게 여덟 가지 영역으로 나누니까 아주 투명하군요. 인생을 생각할 때 중요한 요소들을 꼽은 거네요. 특히 인상 깊은 항목이 '일·타자를 위한 공헌' 부분이에요.
심리학자	이건 말이죠. '일'이라고만 쓰지 않고 '일·타자를 위한 공헌'으로 표현한 데는 이유가 있습니다. 전업주부(남성이 가사를 전담하는 경우도 포함)도 있잖아요. 그런 사람들은 종종 "저는 일을 하고 있지 않은걸요"라고

말하거든요. 그럴 때 "그렇지 않아요, 당신의 가사 업무는 타자에게 공헌하고 있는 거예요"라는 말을 전하고 싶은 거죠.

작가 그렇군요. 일과 타자를 위한 공헌이 머릿속에서 잘 연결되지 않는 사람도 있겠어요.

단계① : 만족하고 있는 영역

심리학자 그러면 우선 단계①부터 보겠습니다. 이 여덟 가지 영역 중에서 만족하고 있는 두 가지 영역을 골라 주세요. 반드시 점수가 가장 높은 영역이 아니어도 괜찮습니다. 예를 들면, 어제까지 2점이었던 영역이 6점으로 오른 사람과 6.5점이었던 영역이 7점으로 오른 사람이 있다면 전자 쪽에서 더 만족을 느낄 수도 있습니다. 그러므로 숫자는 신경 쓰지 않아도 되니 지금 만족스러운 영역을 두 가지 골라 보세요.

작가 만족하고 있는 영역이라···. '자기 성장·배움'이요.

심리학자 또 하나는요?

작가 으음···. 돈.

야마자키 작가의 라이프 차트

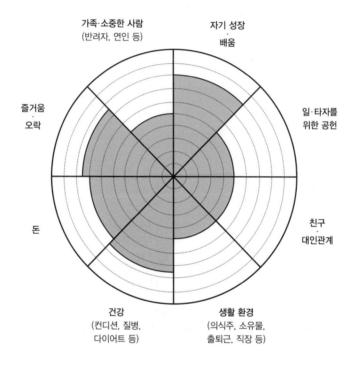

가족·소중한 사람
(반려자, 연인 등)

자기 성장
·
배움

즐거움
·
오락

일·타자를
위한 공헌

돈

친구
·
대인관계

건강
(컨디션, 질병,
다이어트 등)

생활 환경
(의식주, 소유물,
출퇴근, 직장 등)

심리학자   돈이군요. 그러면 먼저 '자기 성장·배움'부터 살펴볼
까요? 작가님은 8점이라고 생각하셨군요. 그에 관해
묻고 싶은데요. 구체적으로 '이건 만족한다' 하는 점
을 말씀해 주시겠어요?

작 가   '배움'에 만족하는 이유는, 매주 새로운 정보를 접하

면서 저 스스로도 '최근 반년 사이에 다른 사람이 된 게 아닐까?'라고 생각할 정도로 많은 걸 배우고 있거든요. 그 실감과 속도감이 8점입니다.

심리학자   그 가운데서도 특히 이건 정말 많이 배웠다고 할 만한 예를 두세 가지 꼽는다면요?

작 가   글쎄요. 지금은 불교에 관해 공부하고 있는데요. 말하자면 불교가 철학이잖아요? '무언가를 인식하고 있는 자신'을 인식하려고 하는 제3의 눈을 뜬다든가 말이죠. 인식하고 있는 자신을 인지하고 있는 자신, 그것을 한층 더 깨달으려고 하는 거요. 그런 시각을 갖기 위한 연습을 매일 하기 시작했습니다. 그것이 제가 느끼는 만족이에요.

심리학자   그러시군요. 다른 건요? 만족하고 있는 부분의 구체적 예를 들면 뭐가 있을까요?

작 가   만족하고 있는 것 말인가요? 이렇게 하면 다른 사람을 성장시킬 수 있지 않을까 하는 큰 기대감을 느끼고 있는 거요.

심리학자   그거 좋은데요.

작 가   저는 성공을 기술화하고 싶어요.

심리학자   성공의 기술화라, 역시!

작 가　성공이란 특수한 사람들만의 것이 아니니까, 제가 올바르게 강의해서 누구나 성공을 이룰 수 있게 돕고 싶은 욕망이 있어요. '이렇게 하면 잘되지 않을까?' 하는 희망을 보고 있습니다.

심리학자　좋아요. 그러면 '돈'으로 가 볼까요? 7점에 대한 내용을 알고 싶군요. 왜 7점이고 만족하는지 설명할 수 있으세요?

작 가　글쎄요. 최소한 살아가는 데 필요한 생계 비용이 있잖아요? 그걸 인생에서 빨리 해결했다는 기쁨입니다. 그리고 앞으로 노후를 생각하면, 옛날에는 '아버지가 세상을 떠나면 생계가 힘들어져' 같은 느낌이었지만 요즘은 '만약 너무 오래 살게 되면 생계가 힘들어져' 라고 생각하거든요.

심리학자　듣고 보니 그렇네요.

작 가　자신이 장수하는 데 대한 공포감 같은 걸 모두 어렴풋이 느끼기 시작한 가운데, 일단 경제적인 면이 해결되었다는 거지요.

심리학자　그런 뜻이군요. 장수해도 생계 비용은 문제없다는 안도감이군요.

작 가　맞아요. 돈을 굉장히 많이 버는 사람도 자신이 더 이상 일하지 못하게 되면 생계에 위협을 받게 될 수 있으니까요.

심리학자   아, 그렇겠네요. 연봉을 엄청나게 많이 받지만 병에 걸리거나 다쳐서 일하지 못하게 될 경우 지금까지의 생활을 유지할 수 없는 사람도 있겠네요.

작 가   맞습니다. 이미 올라간 라이프스타일의 수준을 낮추기는 꽤 어렵거든요. 그래서 생활 수준을 높이는 데는 상당히 리스크가 있어요. 그런 의미에서도 저는 리스크가 적게 지출을 안정적으로 해오길 잘했다고 생각해요.

심리학자   그러시군요. 그 밖에 7점의 내용은요?

작 가   흐음, 뭐가 있을까….

심리학자   이런 식으로 본인이 처음에 말한다는 건, 자신이 의식하고 있는 단계입니다. 제가 그에 대해 구체적으로 묻고 그 상황에 임장감을 불러일으킨 다음에 "그 밖에는 뭔가 없나요?"라고 자꾸 질문할 겁니다. 세 번, 네 번 거듭 물으면 무심코 말해버렸다고 할 만한 대답이 나오지요.

작 가   자신도 미처 인식하지 못한 세계가 나온다는 말씀이네요.

심리학자   그렇습니다. 인식하고 있는 것을 한 번 쭉 듣고 "그렇 군요"라고 공감한 뒤에 "그 밖에는요?" 하고 다시 물으면 그 흐름에 따라 잠재된 생각이 무심코 나옵니다. 그러면 작가님은 그 밖에 '돈'에 관해 만족하고 있는 부분이 없나요?

작 가   돈에 대해 만족하고 있는 거 말이죠? 돈 버는 능력이 생긴 거요.

심리학자   아하, 돈 버는 능력. 그거 흥미로운데요. 이때 "네? 돈 버는 능력이요? 작가님은 몇십 년 전부터 이미 여유 있게 돈을 벌고 있지 않나요?" 하는 식으로 그 사람에 대한 선입관을 가지고 파고들면 안 됩니다.

제가 본 작가님이 아니라, 작가님 스스로 '전에는 이랬지만 지금은 돈 버는 능력이 생겼다'라고 느끼고 있구나, 하는 거죠. 그리고 그게 무엇일지 호기심을 갖는 것이 중요합니다. 그래서 작가님, 돈 버는 능력을 어떻게 갖추신 거죠?

작 가   그건 말이죠. 어떻게 하면 사람들에게 도움이 될 수 있는지 알게 되고, 그것을 남에게 전달할 수 있게 되었기 때문이라고 생각해요.

심리학자   재미있군요. 돈을 번다는 건 대개 '내가 먹고살 수 있다'는 의미잖아요. 작가님의 경우는 다른 사람에게 도움이 되는지, 그리고 어떻게 좋은 가치를 전달할 수 있을까 하는 기준으로 '돈을 번다'는 의미를 정의하고 있군요.

작 가   아, 그렇네요.

심리학자   이것은 작가님의 정의입니다. 좋고 나쁘고가 아니고요. 그렇다면 그 정의를 토대로 '나는 돈 버는 능력이 생겼다'라고 생각할 수 있지요. 작가님은 자신의 돈 버는 능력을 구체적으로 어떻게 알 수 있나요?

작 가   코로나19로 인해 전 세계의 구조가 크게 바뀌자 지금까지는 잘 풀리지 않았던 사람이 갑자기 일이 잘되기도 하고, 반대로 지금까지 잘해오던 사람이 망하기도 했잖아요. 그런 상황에서도 정확히 시대를 보고 있다고 생각해요.

심리학자   코로나19라는 예상치 못했던 상황이 일어났지만 작가님은 시대의 변화를 읽을 수 있다는 거군요. 그 말은 시대가 바뀌어도 돈을 벌 수 있다는 뜻인가요?

작 가   네. 지금은 보입니다. 두 번 정도 세상이 확 바뀐다면 더 이상 보이지 않을 가능성도 물론 있어요.

심리학자   그렇군요. 그런 단어가 나왔으니 깊이 파헤쳐 봅시다.

'지금은'이라는 표현 말인데요, 그다음 세 단계 정도의 시대가 앞으로 흐른다면?

작가   시대의 흐름이 보이지 않게 될지도 모릅니다.

심리학자   그건 아마도 '돈'에서 채워지지 못한 3점 부분일지도 모르겠어요.

작가   그래서 역시, 계속해서 착실히 배워나가야 하는 거겠지요.

심리학자   네. 이렇게 작가님의 신념 체계가 드러납니다. '계속 배워나가야 두세 번 세상이 바뀌어도 돈을 벌 수 있다'는 신념이 있어요. 이것은 좋고 나쁘고의 문제가 아니죠.

작가   그렇지요.

심리학자   그 밖에 이 7점에 해당하는 내용이 더 있나요?

작가   거의 다 나온 것 같은데요.

심리학자   그러면 만족하고 있는 두 가지 영역 '자기 성장·배움' 과 '돈'에 관해 이야기하고 깨달은 점이 있을까요?

작가   그 가치들은 다른 가치보다 중요한 제 인생의 축이 된 것 같습니다.

심리학자   그러시군요.

단계② : 만족하지 못하는 영역

심리학자 그럼 이번에는 반대로 조금 더 만족감을 높이고 싶다
는 영역을 한 가지나 두 가지 골라 보세요. 이것도 반
드시 점수가 낮은 영역을 뜻하는 건 아닙니다.

작 가 '즐거움·오락'을 더 높이고 싶어요.

심리학자 한 가지 영역을 더 고른다면요?

작 가 으음, '건강' 점수요.

심리학자 네. '즐거움·오락'과 '건강'의 만족도를 높이고 싶으시
군요. '즐거움·오락'은 7.5점이라고 하셨는데, 부족하
다고 여겨지는 2.5점의 내용을 알려 주시겠어요?

작 가 아무래도 코로나19로 해외여행을 갈 수 없으니 통 즐
겁지가 않아요.

심리학자 그렇죠. 해외여행. 그리고요?

작 가 그리고 또…. 해외여행과 비슷한 얘기지만, 새로운 것
을 보고 '우와!' 하는 놀라움이 부족해요.

심리학자 새로운 것을 보는 놀라움. 그리고요?

작 가 그리고 배움에 가까운 지점이기도 한데, '쿵' 하고 호
기심이 폭발하는 상황이 더 있었으면 좋겠어요. 그래
서 나를 잊고 몰입하는 경지에 빠져 현실마저도 잊어

버리는 기쁨을 찾고 있어요.

심리학자   그렇군요. 그러한 것들이 전부 충족되면 10점으로 올라가는 건가요? 혹은 9.5점 정도일까요?

작 가   글쎄요…. 더 짜릿할 정도로 채워지지 않는 한 10점까지는….

심리학자   그렇군요. 그런데 더 짜릿하다는 건 어떤 걸까요?

작 가   더욱 상상도 할 수 없는 일이요. 지금 상상하면서 이런저런 이야기를 하고 있지만요. 예를 들어, 이집트의 피라미드를 보면 "오!" 하고 놀라기는 할 거예요. 하지만 그것보다 더 큰 짜릿함이요.

심리학자   음, 이를테면 외계인 정도는 나타나야 할까요?

작 가   실제로 일어나기만 한다면야, 멋진데요.

심리학자   작가님이 지구인 대표로 마중을 나간다거나 하면 좋겠네요. 작가님 나름의 상상으로 말하자면 더 큰 짜릿함은 언제 느껴질까요? 지금 말한 외계인 같은 선에서 말해도 괜찮아요.

작 가   음…. 우주 정거장에 이틀 동안 머물 때요.

심리학자   우주 정거장이라. 네, 좋습니다. 이런 식으로 본인이 부족하다고 느낀다면 환상도 좋으니까 그게 뭔지 말해 보는 겁니다. 지금 툭 튀어나온 '우주 정거장' 같이,

어찌 보면 적당히 말한 것 같지만 실은 거기에 자신의 가치관이 잠재되어 있을 가능성이 있거든요. '유명 배우와 결혼'도 좋아요, 예를 들면 말이죠. 그 밖에 또 있을까요?

작가   인류의 가능성에 도전하는 능력 개발의 샘플 실험에 피실험자로 참가하는 거요.

심리학자   오호, 좋네요. 능력 개발의 샘플 실험에 지원하는 거요. 비포 앤 애프터로 '이렇게 바뀌었습니다' 하면서 말이죠.

작가   맞아요, 그런 거. 다음은…. (깊이 생각한다.) 인류가 접근할 수 없었던 과학 영역에 제가 발탁되어서 말이죠. 그 비밀을 아는 한 사람이 되는 거예요.

심리학자   금단의 과학.

작가   그렇죠, 바로 그거예요.

심리학자   그게 만족되면 10점인가요?

작가   10점 가겠습니다.

심리학자   좋아요. 개중에는 10점까지 나오지 않는 사람도 있습니다. 그렇다고 무리하게 생각하지 말고 그냥 진행해 주세요. 이런 식으로 점수를 올리고 싶은 영역은 대개 본인이 불만스럽게 느끼는 항목인 경우가 많습니다.

그때는 불만의 내용을 먼저 알아내는 것이 좋아요. 반면에 불만이라고는 해도, 그 안에는 만족스러운 부분도 있습니다. 작가님의 '즐거움·오락'으로 말하자면 7.5점은 되니까요.

작가 맞는 말씀이에요.

심리학자 본인이 불만으로 여기는 영역에 관해서 "그렇게 말은 해도, 역시 좋은 점도 있겠지요?"라고 처음부터 물으면 대개는 "아니요, 좋은 점은 없어요" 하고 대답하는 경향이 있어요. 그런데 먼저 불만스러운 점을 구체적으로 언급하거나 마치 치약 튜브를 짜듯이 집요하게 물어보면 사람의 심리는 반대로 움직이거든요. 이것을 반동형성, 즉 리액턴스(reactance)라고 부릅니다. 가령 1점밖에 주지 않은 사람이라도 맨 먼저 9점의 불만 부분을 들어주면, 그다음에 "그렇다고는 해도 굳이 말하자면 1점만큼의 좋은 점이 있는 거죠?" 하고 물었을 때 그렇다는 대답이 나옵니다.

작가 그렇군요. 재미있네요.

심리학자 그래서 굳이 말하자면 '즐거움·오락'에서 작가님이 만족하고 있는 부분은 뭘까요?

작가 글쎄요…. 저는 명상을 하고 있는데요. 아까 제가 불만스러운 부분을 말할 때는 자꾸 바깥으로 나가고 싶어 한 데 반해서, 명상할 때는 내면을 바라보면서 느끼는 강렬한 인상을 즐기기 시작했거든요.

심리학자 네.

작가 특별하거나 진기한 것을 기대하지도 않으면서 일상의 생활을 즐기는 것도 나쁘지 않더군요. 코로나19가 발생하기 전에는 줄곧 국내 각지를 돌아다니는 생활이었어요. 1년 중에서 200일 정도는 호텔에 머무는 생활을 32년간 해왔으니까요. 그런데 지금은 줄곧 도쿄에서 생활하고 있습니다. 그러자 별것 아닌 듯한 시간이 특별하고 풍요롭게 느껴지더군요.

심리학자 그럴 것 같아요. 그 밖에는요?

작가 넷플릭스도 즐겨 보고 있어요.

심리학자 그러시군요. 또 다른 건요?

작가 기타를 쳐요. 중학교 때 자주 치곤 했었는데 요즘 오랜만에 다시 치고 있어요.

심리학자 오, 또 없습니까?

작가 줌(Zoom)이요. 줌이라든가 전화로 '나 시간 많은데 누군가 없나?' 하면서 사람들에게 말을 걸기도 해요. 옛날 아마추어 무선 같은 느낌이지요. '시큐, 시큐(CQ:

call to quarters의 약자. 아마추어 무선 호출 기호-역주),
누구 없어?'처럼 말입니다. 이런 소소한 시간이 즐거
워요.

심리학자 그러시군요. 확실히 불만스러운 부분은 바깥쪽, 만족
스러운 부분은 안쪽이라는 느낌이 드네요. 자, 이번에
는 '건강'을 살펴볼까요? 건강 부문에서 부족한 2.5점
의 내용은 뭔가요?

작 가 지금까지 55년 동안 살아왔으니 역시 지금이 가장 민
첩하지는 않잖아요?

심리학자 네에, 그렇죠.

작 가 확실히 그래요. 열여섯 살에서 스물세 살쯤에는 정말
로 체력에 자신이 있었거든요. 그 잔상이 남아 있어서
'그때로 돌아갈 수 없으려나' 하는 생각이 가끔 들기
도 합니다. 우스운 얘기 같지만 그 무렵 날렵하던 모
습을 동경하고 있어요.

심리학자 체력에 자신감이 있다는 건 구체적으로 어떤 모습일
까요?

작 가 생각대로 움직일 수 있고 웬만한 중량에도 견딜 수 있
는 거죠. 남들이 하지 못하는 일도 할 수 있고요.

심리학자 그렇군요.

작가   왠지 몰라도 그때는 자신감이 하늘을 찌를 듯했지요. 그 강렬한 느낌이 지금은 없거든요.

심리학자   그럴 수 있겠네요. 그 밖에 또 있나요? 부족한 2.5점의 내용은요? 열여섯 살에서 스물세 살 때처럼 체력을 회복하면 10점이 될까요?

작가   아니, 그건 아니고요. '뭐든 덤벼!'라고 생각하던 그 마음 상태가 중요한 것 같아요. 건강에 대한 자신감이요.

심리학자   호오. 신체에 관해 물었는데 마음 상태 얘기가 나왔군요. 흥미롭네요.

작가   네. 신체에 대한 압도적인 자신감, 그 마음 상태를 원하는 거니까요.

심리학자   그 마음 상태를 갖게 된다면 10점이 될까요?

작가   네. 될 겁니다.

심리학자   굉장합니다. 그래도 건강 점수가 나름 높은 7.5점인데요. 만족하는 부분은 뭔가요?

작가   우선, 최근 헬스장에서 달리기를 하고 있어요. 3킬로미터 정도면 달릴 수 있겠더라고요. 30분 정도 걸려서 천천히 제 페이스대로 하는 거지만요. 그렇게 한동안 달렸더니 근육이 생기고 엉덩이가 확 올라갔습니다. '오오! 근육은 기억하는구나!' 하고 느꼈죠.

심리학자	오호, 좋으시겠어요.
작 가	아직 달리기만 하고 근육 트레이닝은 하지 않는데, 트레이너가 왜 안 하느냐고 묻더군요. 근육 트레이닝은 20대 초반에 본격적으로 했던 기억이 있어서 그때처럼 하는 건 두려운 느낌이 있어요. 갑자기 무리하면 금방 포기하게 되지 않을까 해서요. 그보다는 차츰차츰 즐겁게 운동할 수 있는 범위를 넓혀가고 싶어요.
심리학자	그렇군요. 그 밖에 또 있습니까?
작 가	글쎄요. 건강검진을 받으면 완벽한 건강 상태로 유지하고 싶네요.
심리학자	네, 지금은 완벽하지 않으시군요.
작 가	그렇습니다. 완벽하지 못해요. 건강검진 결과를 점수로 나타내면 80점에서 85점 정도거든요.
심리학자	아하, 알겠습니다.

단계③ : 향상시키고 싶은 영역

심리학자	그럼 다음 단계로 넘어가시죠. 여덟 가지 영역 중에서 맨 먼저 '이 부분을 향상시키자' 하고 생각하는 건 어

띤 영역인가요? 지금부터 움직인다면요. '건강'이어도 좋고 '즐거움·오락'이어도 좋습니다. 물론 그 밖의 다른 항목도 괜찮고요. 지금 불만이 있었던 것은 두 가지인데, 이야기하면서 '이쪽 영역을 더 잘하고 싶은데' 하는 생각이 들었을 수도 있고요. 어느 것이든 좋습니다. 지금 능률을 높이고 싶은 영역은 뭔가요?

작 가   지금 당장이요?

심리학자   네. 지금 당장 '이걸 목표로 해서 행동으로 옮기자' 하고 생각하는 게 있어요?

작 가   음…. 역시 '건강'이….

심리학자   건강이군요. 대부분은 불만족스러운 영역부터 얘기가 나오더군요. 다만 불만을 다 이야기하고, 나름 만족하는 부분도 있다는 이야기를 하다 보면 불만족스러운 부분도 이전보다 괜찮다고 느끼는 분들이 가끔 있습니다.

그러면 지금 '건강'은 7.5점. 한창때였던 열여섯 살에서 스물세 살 무렵에 '뭐든지 덤벼!' 하며 의욕이 충만하던 상태가 된다면 그게 10점이라고 하셨죠?

잠시 '건강'이 10점이 되었다고 상상해 보세요. 지금 이 순간 10점이 되었습니다. 작가님의 생활에서는 어떤 점이 달라졌을까요?

작가   우선 딱 봤을 때 '와!' 하고 놀랄 만큼 아우라를 내뿜고 있을 겁니다.

심리학자   누가 봤을 때요?

작가   타인이 봤을 때요.

심리학자   그렇군요. 자, 잠시 상상해 볼게요. 그쪽에서 걸어오시겠어요? 여기에 거울이 있습니다. 자신의 모습을 본 순간, 10점이 되었을 때 나오는 반응을 해 주세요.

작가   (걸어와서 거울을 본다.) '저 사람 왜 저래?' 할 정도로 엄청난 아우라가 느껴질 것 같아요.

심리학자   그 정도로 아우라가 나온다면 생활은 구체적으로 어떻게 달라질까요? 이런 일을 하고 있다든가, 저런 취미를 하고 있다든가 말이죠. '지금까지는 약간 신중하게 대해왔지만 내가 이 정도라면 얼마든지 저 어려운 사람에게 다가갈 수 있을 거야' 같은 생각도 좋고요.

작가   저는 이런 비유를 자주 듭니다. "만약 당신이 누군가의 어깨를 만지면 그 사람의 인생에 점점 좋은 일이 생긴다고 가정합시다. 당신은 얼마나 많은 사람의 어깨에 손을 대겠습니까?" 하고요. '자신이 선한 사람이 된 기분이 든다', '누군가와 만나기만 해도 그 사람의 인생에 좋은 영향이 간다'와 같은 에너지를 나눠 갖는 거죠.

심리학자   실제로 그런 능력을 가졌다면 오늘부터 만나는 사람, 내일 아침부터 만나는 사람, 혹은 온라인으로 대화를 나누는 사람에게 구체적으로 어떻게 하시겠어요?

작 가   구체적으로…. 지금은 비대면 이벤트가 많다 보니 줌 세미나 같은 방법이 되겠는데요. 거의 참여자 분들의 고민을 듣고 답하는 식이에요. 어쨌든 에너지를 줄 수 있게 눈과 눈이 마주치는 상황을 만들겠지요.

그리고 지금은 어느 쪽인가 하면, 논리를 중시하는 쪽 인데요. '현재 상황이 이러하니까 이렇게 하면 잘될 거야'라고 설명해서 상대를 이해시키는 거죠. 하지만 만약 손만 대도 남의 인생에 좋은 영향을 주는 신기한 능력이 있다면 논리보다는 제 존재와 에너지만으로 힘을 줄 수 있겠죠. 그런 방식으로 해나가는 겁니다. 하지만 초조해하면 그 에너지가 흔들릴 테니까 조급 해하지 말고요. …아. 제가 긴장을 풀 때 취하는 자세 가 있어요.

심리학자   어떤 자세요?

작 가   가슴을 펴고 있는데요. 몸을 조금 뒤로 젖히고 장요근

(腸腰筋. 장골근과 대요근을 합쳐서 부르는 명칭-역주)을 쭉 펴 주는 느낌입니다. 그렇게 하면 에너지가 나오는 느낌이 들거든요.

심리학자 어디, 해 봅시다. 가슴을 펴고 약간 몸을 뒤로 젖힌 뒤에 장요근을 펴는 자세. 이 자세에서, 줌 세미나라면 뭐라고 말하겠어요? 모두에게도 좋고 한 사람씩도 좋습니다.

작 가 "자기중심을 잘 잡고 살아간다면 뭐든 해낼 수 있어요"라고 할 것 같아요. 자기중심이란 그 사람의 가치관의 축을 뜻하는데요. "스스로도 잘 해낼 수 있어"라고 말해 주고 싶습니다.

심리학자 좋아요. 그럼 한 번 더 되짚어 보죠. 거울을 본 순간, 아우라가 나오는 동작을 다시 한번 합니다. 그리고 줌을 켜는 겁니다. "실은 어제부터 신기한 일이 있어서요. 저와 눈이 마주치기만 했는데 그 사람이 막 기운이 솟아나는 거예요"라며 이야기를 시작해 보시죠.

작 가 (걸어와 거울을 보고 웃음 짓는다.)

심리학자 그리고 가슴을 펴고 상체를 약간 뒤로 젖히고 나서 장요근을 쭉 펴 줍니다. 그럼 지금부터 줌을 시작하겠습니다. "글쎄요, 실은…."

작 가	실은 저에게 신기한 일이 일어났어요. 눈을 마주치기만 했는데 그 사람의 인생에 좋은 영향을 주는 힘을 불어넣었지 뭡니까. OO씨, 할 수 있어요. 굉장한 결과가 나올 겁니다. 자신이 중요하게 여기는 가치관 그대로 좋아요. 잘하고 있어요!
심리학자	어떠세요?
작 가	우선, 제가 기분이 좋은데요.
심리학자	현실이 지금처럼 되었다고 한다면 건강은 몇 점 정도인가요?
작 가	10점, 아니면 9.5점이요!
심리학자	그렇군요. 이제 여기부터가 중요해요. 갑자기 불만족스러운 부분의 점수를 10점으로 건너뛰려고 하면 사실 실패하기 십상입니다. 작은 발걸음으로 나아가는 거예요. 1점 혹은 0.5점, 점수가 높아지는 상태를 목표로 삼는 겁니다.
작 가	조금씩 말이지요.
심리학자	그러면 7.5점을 8점 혹은 8.5점으로 올려 볼까요? 두 점수 중 한 걸음 한 걸음 나아가는 느낌이 더 강한 건 어느 쪽인가요?
작 가	8점을 목표로 하겠어요.

심리학자   7.5점에서 0.5점을 올리신 거죠. 알겠습니다. 아까 줌 이벤트를 시각화하면서 9.5점이나 10점의 이미지를 떠올렸습니다. 그러면 0.5점 올라 8점이 되었다고 한다면 현재와 뭐가 다를까요?

작 가   이번에는 논리적인 설명을 한층 더 설득력 있게 하고 싶습니다.

심리학자   무슨 뜻이지요?

작 가   저는 10점에 가까울 때는 논리적 설명보다 저한테 있는 에너지를 가득 담아 설득시키려 할 것 같거든요. 그렇기에 '여러분도 자기중심을 잘 잡고 에너지 높은 상태를 만들면 좋아요'라고 조언하게 되는 거예요. 하지만 현재 상태에서 작은 발걸음으로 0.5점만 올려야 한다고 하면, 신기한 능력 없이 지금까지 해온 방식을 조금 더 심화시켜야겠죠. 지금까지 현실적으로 제가 해왔고 잘되고 있는 방법, 다시 말해 논리적으로 설득하는 방법입니다. 그걸 한층 더 강하게, 효과적으로 하고 싶어요.

심리학자   네. 그 외에도 작가님의 컨디션을 좋게 만드는 방법도 있겠네요. 예를 들어 줌을 시작하기 전에 거울 앞에서 웃어 보이거나 장요근을 쭉 펴고 자세를 바꾸는 거죠.

그런 일부터 시작해도 됩니다. 자신이 가장 하기 쉬운 방법으로 하면 되니까요.

작 가 저는 웃기부터 할 거예요.

심리학자 그럼 상상해 보세요. 다시 저쪽에서 걸어오세요. 내일 아침에 줌을 시작하기 전, 거울 앞에서 웃음 짓고 나서 기분 좋은 상태가 되었을 때 컴퓨터 앞에 앉는 겁니다.

작 가 (걸어와 거울을 보고 웃음 짓는다.)

심리학자 그럼 줌을 시작해 주세요.

작 가 여러분, 안녕하세요. 잘 지내셨죠? …상대방 없이 하려니 좀 어색하기도 하네요. 어쨌든 제가 만드는 분위기는 이 정도가 좋은 것 같아요. 제가 너무 활력이 넘치면 사람들이 거부감을 느낄 수 있거든요.

심리학자 그렇겠네요. 열정이 지나쳐서 사람들의 의욕이 오히려 사그라든다거나 스스로 '이거 좀 아닌 거 같은데' 하고 꺼리게 되는 상황은 벌어지지 않으면 좋겠어요. 그렇다면 내일 할 일은 정해졌습니다. 거울 앞에서 웃습니다. 가슴을 펴고 장요근을 쭉 폅니다. 그리고 지금처럼 좋아진 기분으로 이야기를 시작하는 겁니다.

'한 가지 더 꼽는다면?'이 핵심

심리학자 라이프 차트를 활용한 내면 살펴보기는 이런 느낌입
니다. 어떠신가요?

작 가 재미있네요. 설명을 좀 해 주시죠. 단계①에서 만족하
고 있는 영역을 두 가지 고르셨지요. 그 이유는 무엇
인가요?

심리학자 만족하고 있는 영역을 골라서 그에 관해 말하게 하면,
리소스풀(resourceful)한 마음 상태가 됩니다.

작 가 리소스풀이란 이미 성취한 부분에 주목하고 그것을

자원으로 활용하는 마음 상태를 일컫는 말이지요?

심리학자 그렇습니다. "잘 안 돼요"라고 말한다 해도 여덟 가지 영역을 써 보면 한두 개는 다른 영역보다 더 나은 점이 있기 마련이에요. 이를테면, 거의 모든 영역이 1점이나 2점인 데 반해 돈과 재미는 5점, 4점이라든가 말이죠. 그런 부분을 주의 깊게 보는 겁니다.

작 가 맞아요. 막상 적어놓고 보면 의외로 점수가 높은 경우가 있더군요.

심리학자 억지 긍정으로 유도하는 게 아니라, 단지 스스로 점수를 매기고 내면의 이야기를 꺼내기만 해도 '내 생활이 그렇게 다 나쁘기만 한 건 아니네' 하고 자신이 깨닫게 됩니다.

작 가 질문할 때는 뭐가 만족스러운지를 구체적으로 물어봐야죠.

심리학자 맞습니다. 구체적으로 어떤 점에 만족하는지 체크하고 나면 그다음에 그 밖에 뭐가 없는지 또 질문을 던지는 거예요. 혼자 있을 때도 스스로에게 질문하면 좋습니다.

작 가 '그 밖에는, 그 밖에는' 하고 깊이 파고드는 거죠. 두 가지 영역을.

심리학자	네, 가능하면 두 영역으로 하세요. 시간이 없다면 한 가지 영역만 해도 괜찮습니다. 다음으로 단계②인데 요. 만족하지 못하는 영역을 두 가지 물어보는데, 이 때도 역시 시간이 없다면 한 가지 영역만 해도 됩니다. 가능하면 두 가지 영역이 좋지만요.
	그 이유는 작가님의 경우만 봐도 알 수 있어요. 작가님은 '즐거움·오락'을 불만으로 여기고 있어 그 항목을 가장 먼저 대답했어요. 하지만 "또 한 가지 영역을 꼽는다면?" 하고 물었더니 이번에는 '건강'이라는 대답이 나왔지요.
작 가	그렇습니다. 결국 '건강'이 중심 주제가 되었고요.
심리학자	맞습니다. 실은 대부분 자신이 의식하면서 다루려고 한 주제와 다른 것을 마음속에서 중요하게 여기고 있거든요. 그래서 두 가지를 물어보면 본심이 쉽게 나오는 겁니다.
작 가	그런 이치로군요. "그 밖에는 없습니까?", "한 가지 더 꼽는다면?"과 같은 질문이 중요하겠네요.

불만족스러운 부분에서
가능성 찾기

심리학자   라이프 차트 코칭을 진행하는 데 기본적인 전제는, 상
            대의 마음에 다가가면 다가갈수록 가능성을 이끌어낼
            수 있다는 사실입니다.

작 가   제3장에서 나왔던 '내담자와 같은 눈높이에서'라는
            말과도 통하는군요.

심리학자   맞아요. 기본은 여기서도 같습니다. 그래서 단계①에
            서는 우선 상대가 만족하고 있는 일에 함께 시선을 두
            는 겁니다. 그렇게 하면 기분이 좋아지겠지요. 내담자

와 함께 기분을 고조시켜야 합니다.

그럼 이걸로 다 잘될까요? 여기서 "잠깐만요. 이건 만족스럽지만 다른 게 안 되는데요" 하는 얘기가 나오게 됩니다. 그게 뭔지 물으면 단계②의 만족하지 못한 영역을 이야기하겠죠. 이때도 "구체적으로 말해 주세요"라고 물으면서, "그렇군요, 그 점이 잘 안 되는군요" 하고 공감하는 거예요. 그러면 내담자는 인정받은 느낌이 들죠. 그리고 여기가 중요한데, 아까 리액턴스(reactance)라는 말이 나왔잖아요?

작가 인간의 마음은 한쪽 방향으로만 가다 보면 반대로 가고 싶어진다는 뜻이죠.

심리학자 맞아요. 만족하지 못한 영역에서 어떤 점이 만족스럽지 못한지 구체적으로 물을수록, 즉 부정적으로 언급할수록 이번에는 "실은 그렇게까지 힘든 건 아니고요"라며 긍정적인 대답이 나오기 쉬워집니다. 그래서 "굳이 꼽아 본다면, 만족하지 못한 영역에서 그래도 만족한 점은 뭔가요?"라고 묻는 거예요. 작가님의 '건강'에서 보자면 '7.5점'인 부분에 관해 들어 보는 거지요.

작가 하지만 만족하지 못한 부분에는 '0점'이라고 대답하는 사람도 있지 않을까요?

심리학자   가끔 있습니다. 그런 경우는 "자, 왜 마이너스가 아니지요?" 하고 물어봅니다. 그러면 "음, 사실 아주 최악은 아닌데요" 하면서 만족스러운 부분이 튀어나오거든요.

작가   그렇군요. '생활 환경'이 0점인 사람이라도 "그런데 왜 마이너스가 아닌 거죠?" 하고 물으면 "뭐, 어쨌든 살 집은 있으니까요"와 같이 대답한다든가 말이죠.

두잉(Doing)이 아닌
비잉(Being)의 자세

심리학자　단계①, 단계②를 거쳐서 단계③에서는 드디어 지금 향상시키고 싶은 영역을 질문할 겁니다. 이때 불만스러운 영역을 두 가지 꼽아 보라고 하면 효과적이에요. 작가님의 경우를 이야기해 볼까요?

"처음에 언급한 '즐거움·오락'을 높여 보세요. 해외여행은 안 되더라도 국내 여행을 떠나세요. 가까운 곳 중에서 가본 적이 없는 장소에도 가고요." 이런 식으로 이야기를 진행하면 어떤가요? 분명 나쁘지는 않지만 그다지 흥이 오르지 않지요?

작가　그러네요.

심리학자　그보다는 '건강'에 관한 얘기를 하면서 "최근 헬스장에 가서 달리기 시작했더니 엉덩이에 근육이 붙어서…"라고 하면 확실히 운동하고 싶은 구미가 확 당기죠. "지금은 몸이 영 날렵하지 않아, 열여섯에서 스물세 살 때는…" 이런 말을 들으면 공감되는 정도가 다를 거예요.

작가　아, 정말 다른데요.

심리학자　즉, 본인은 첫 번째로 꼽은 일에 사로잡히기 쉬운데, 두 개 정도 물어보면 사실 제일 중요하게 여기는 영역을 알아차리게 돼요. 그래서 "어느 쪽을 향상시키고 싶은가요?" 하고 물었을 때 작가님이 '건강'을 선택한 겁니다.

작가　이렇게 짧은 시간에 거기까지 밝혀내셨군요.

심리학자　전체 흐름을 정리해 볼까요?

단계①에서는 만족하고 있는 영역을 묻는다. 가능하면 두 가지.

단계②에서는 만족하지 않는 영역을 묻는다. 이때도 가능하면 두 가지.

단계③에서는 향상시키고 싶은 영역을 묻는다.

마지막 단계③에서는 10점이 된 상태를 상상하게 해
서 가능한 한 명확하게 물어야 합니다.

작 가 　그 사람에게는 그게 목표 지점이겠군요.

심리학자 　그렇습니다. 이때 주의할 점은 '두잉(doing)'으로 질문
해서는 안 된다는 겁니다. 절대로 "무엇을 해야 10점
이 됩니까?"라고 물으면 안 되는 거죠. "10점이 되었
다고 한다면 어떤 상태가 되어 있을까요?" 하고 '비잉
(being)'으로 질문해야 합니다.

가령 올해 연 수입이 6,000만 원인 사람이 연 수입
1억 원을 만들고 싶어 할 때, "1억 원을 달성하기 위해
무엇을 하겠습니까?"라고 물으면 "지금보다 더 노력
하겠습니다"와 같이 답하게 되는 거죠. 그렇게 묻지
말고 "연 수입 1억 원이 된다면 무엇이 달라질까요?"
하고 물으면 "가족과 여행하고 싶을 때 갈 수 있어요",
"더 큰 주택으로 이사할 수 있습니다. 사실은 예전부
터 그러고 싶었거든요"와 같은 대답이 나옵니다. 이렇
게 질문해야 해요.

작 가 　다시 말해, 10점이 된 상태의 '비잉'을 상대가 생생하
게 이미지로 떠올리게 하는 거군요.

| 심리학자 | 그렇죠. 마치 영상으로 보는 것처럼요. 작가님의 경우는 10점이 되면 본인에게서 아우라가 나온다고 하셨어요. 손을 대기만 해도 다른 사람이 행복해지는 능력을 가진 모습이 '비잉'이었어요. 이 '비잉'에 관해 물으면 그 상태가 되기 위해서 무엇을 해야 하는지, 즉 '두잉'을 자연스럽게 알 수 있습니다. 이때 중요한 것은 정말로 실현하고 싶은 일이, 가끔은 본인이 그때까지 의식하고 있던 것과는 다른 것으로 바뀐다는 사실입니다.
작가님은 열여섯에서 스물세 살 때의 날렵하고 자신감 넘치던 상태로 돌아가고 싶다고 했어요. 그 말은 10점 상태를 이미지로 떠올려 보게 했을 때 비로소 나온 것이죠. |
|---|---|
| 작 가 | 그렇네요. 10점이 된 상태를 '비잉' 상태의 이미지로 그렸기 때문에 그런 대답이 툭 튀어나온 거죠. '10점으로 하기 위해서 무엇을 하면 좋을까' 하고 처음부터 '두잉'을 생각했다면 그 대답은 나오지 않았겠군요. |
| 심리학자 | 그렇습니다. 따라서 목표 지점을 머릿속에서 먼저 생각하고 있어도 안 되고 오직 본인이 10점이 되었을 때의 상태, 그 이미지를 생생하게 임장감을 가지고 떠 |

올렸을 때 진짜 이루고 싶은 목표점이 보이게 됩니다.

작가 임장감. 지금까지의 설명에서 선생님이 몇 번이나 강조하신 기본이 여기서 빛을 발하는군요.

심리학자 맞습니다. 그리고 목표점이 보였다고 해서 갑자기 10점을 목표로 할 게 아니라, 현재 상황보다 0.5점이나 1점을 높이려면 어떻게 해야 할지 생각해야 해요. 그러면 해야 할 일이 구체적으로 떠오릅니다. 작가님의 경우였다면 자세를 바꿔 거울 앞에서 웃는 거였죠.

작가 아! 이 라이프 차트가 참 재미있는 도구네요. 질문할 내용이 정해져 있다는 의미에서는 초심자용으로도 적합하고, 지금까지 배운 것을 활용하면 얼마든지 깊이 들어갈 수도 있으니 말입니다. 당장 라이프 차트 용지를 복사해서 하고 싶어지지 않을까요? 꼭 시도해 보고 여러분의 주변 사람들도 행복해지도록 도와주시기 바랍니다.

당신이 한층 더
가능성을 발휘할 수 있도록

저는 정말로 아무것도 없는 사람이었습니다. 어린 시절부터 집이 가난해서 욕실도 없는 공동 화장실을 사용하며 생활했습니다. 성적이 낮아서 입시에 세 번이나 불합격한 끝에 사수로 대학과 대학원에 진학했지만 고층 빌딩의 유리창 청소와 학원 강사, 레스토랑의 웨이터 등 다양한 아르바이트를 하면서 서른여섯 살까지 월수입 20만 엔(약 200만 원) 이상 벌어본 적이 없었지요.

1995년에는 한신·아와지 대지진(일본 효고 현의 고베 시와 한신 지역에서 발생한 대지진으로 6,300여 명이 사망했다-역주)으로 부모를 모두 잃었습니다. 그 후 큰 결심을 하고 미국으로 건너가 시카고에 있는 스시집에서 아르바이트를 하면서 생활했습니다. 영어를 읽고 쓰기는 했어도 말하고 듣기가 어려워 아들러 대학원에서 600시간이나 되는 카운슬링 실습을 할 때는 상당히 악전고투를 벌였습니다. 2001년 9.11 테러가 일어나고 2주 후 일본으로 귀국할 때 갖고 있던 전 재산은 고작 10만 엔(약 100만 원)이었습니다. 그래서 친구 집에 얹혀살았죠.

지금도 저는 특별한 재능이 없는 사람입니다. 다만 한 가지 기술은 가지고 있습니다. 본인도 알아차리지 못한 무의식에서 잠재력을 이끌어내는 것을 돕는 능력입니다. 그 기술 덕분에 올림픽 메달리스트를 비롯한 메이저리거, 상장 기업의 최고경영자와 유명 배우, 예술가들이 저를 믿고 의지해 주셨습니다.

세계의 각 분야에서 활약하는 사람들조차도 본인이 지닌 가능성의 3~7퍼센트밖에 발휘하지 못한다고 합니다. 그런 사람들은 더욱 가능성을 발휘하고 싶은 마음에 저를 찾아왔습니다. 그래서 본인도 미처 깨닫지 못한 무의식적 재능(스스로 잘하고 있으면서도 어떻게 잘하게 된 건지 본인도 자각하지 못하는 능력)을 의식하게 하여 언제 어디서든 발휘할 수 있게 되는 '몰입 영역(flow zone)'을 재현하게 도왔습니다.

따라서 이 방법을 지속한다면 이 책의 공저자인 야마자키 작가님과 같이 재능이 넘치고 왕성한 활동을 통해 훌륭한 성과를 내고 있는 사람도 한층 더 가능성을 발휘할 수 있습니다.

지금까지 이 책을 읽은 여러분이라면 이미 이 기술이 실은 '다른 사람을 돕는 기술'이기도 하다는 사실을 깨달았을 겁니다. 앞으로 AI(인공지능)가 아무리 발달한다 해도 이 기술이 쓸모없어지는 일은 생기지 않을 것입니다. AI는 인풋된 목적에 맞춰 최대한 효과적으로 기능할지는 모르지만, 애초에 '진심으로 어떻게 하고 싶은가' 하는 목적은 인간이 결정해야 하기 때문이지요.

따라서 여러분은 성공만 하는 게 아니라, 누군가에게 도움을 줄 수 있게 됩니다. 그리고 그 도움으로 감사와 응원을 받아서 지속적인 마음의 평안과 행복을 얻을 수 있습니다.

이 책이 여러분 자신에게, 주변 사람들에게, 더 나아가 사회에 도움이 되었으면 좋겠습니다.

히라모토 아키오

옮긴이 **김윤경**

일본어 전문 번역가. 한국외대를 졸업하고 오랜 직장생활을 거쳐 번역이라는 천직을 찾았다. 다른 언어로 표현된 저자의 메시지를 우리말로 옮기는 일의 무게와 희열 속에서 10년 넘게 새로운 지도를 그려나가고 있다. 좋아하는 일을 직업으로 삼아 살아갈 수 있는 행운에 감사하며 오늘은 어제보다 더 좋은 글을 쓰기 위해 노력하고 있다. 역서로『철학은 어떻게 삶의 무기가 되는가』,『니체와 함께 산책을』,『괴테가 읽어주는 인생』,『돈의 진리』,『왜 일하는가』,『왜 리더인가』,『일을 잘한다는 것』,『뉴타입의 시대』,『나는 단순하게 살기로 했다』,『나는 치매 의사입니다』,『문장교실』,『로지컬씽킹』등 60여 권이 있다. 현재 출판번역 에이전시 글로하나를 꾸려 다양한 언어의 도서 리뷰 및 번역 중개 업무도 함께 하고 있다.

도망가지도 나아가지도
못하는 당신에게

1판 1쇄 인쇄 2021년 11월 3일
1판 1쇄 발행 2021년 11월 16일

지은이 히라모토 아키오, 야마자키 다쿠미
옮긴이 김윤경

발행인 양원석 **편집장** 최혜진 **책임편집** 박시솔
디자인 신자용, 김미선 **영업마케팅** 윤우성, 박소정, 김보미 **해외저작권** 박성아

펴낸 곳 ㈜알에이치코리아
주소 서울시 금천구 가산디지털2로 53, 20층 (가산동, 한라시그마밸리)
편집문의 02-6443-8890   **도서문의** 02-6443-8800
홈페이지 http://rhk.co.kr
등록 2004년 1월 15일 제2-3726호

ISBN 978-89-255-7917-7 (03190)